NA ÚLTIMA VAGA

© Kleiton Ferreira, 2024
Todos os direitos desta edição reservados à Editora Labrador.

Coordenação editorial Pamela J. Oliveira
Assistência editorial Leticia Oliveira, Jaqueline Corrêa
Capa Amanda Chagas
Projeto gráfico Marina Fodra
Diagramação Heloisa D'Auria
Preparação de texto Ligia Alves
Revisão Laila Guilherme
Imagens de capa Yago Santos

Dados Internacionais de Catalogação na Publicação (CIP)
Jéssica de Oliveira Molinari - CRB-8/9852

Ferreira, Kleiton

Na última vaga – de montador de móveis a juiz federal : a luta para ser aprovado no concurso mais difícil do Brasil
Kleiton Ferreira.
São Paulo : Labrador, 2024.
192 p.

ISBN 978-65-5625-605-4

1. Ferreira, Kleiton – Biografia 2. Concurso público I. Título

24-2069   CDD 920.71

Índice para catálogo sistemático:
1. Ferreira, Kleiton – Biografia

Labrador

Diretor-geral Daniel Pinsky
Rua Dr. José Elias, 520, sala 1
Alto da Lapa | 05083-030 | São Paulo | SP
contato@editoralabrador.com.br | (11) 3641-7446
editoralabrador.com.br

A reprodução de qualquer parte desta obra é ilegal e configura uma apropriação indevida dos direitos intelectuais e patrimoniais do autor. A editora não é responsável pelo conteúdo deste livro. O autor conhece os fatos narrados, pelos quais é responsável, assim como se responsabiliza pelos juízos emitidos.

NA ÚLTIMA VAGA

De montador de móveis juiz federal: a luta para ser aprovado no concurso mais difícil do Brasil

Labrador

KLEITON FERREIRA

SUMÁRIO

Prólogo — 7
Introdução — 13

PARTE UM: EU, O KLEITON — 17
Agir em meio ao terremoto — 18
Da passividade para a atividade — 21
Nossa vida cabe num filme da Netflix — 25
Minha filha, trabalho e primeiro concurso — 30
Um *segundo* incidente para mudar tudo — 40
Algum nível de fome — 43
O fim de um ciclo e a virada anticoncurso — 51
Advogando e empreendendo: ascensão e queda — 65

PARTE DOIS: O MUNDO DOS CONCURSOS — 79
A decisão — 80
Planejamento — 87
Sou velho e não tenho tempo — 90
O Inimigo — 95
O Santo Graal — 101
O cofre — 106
Mãos na massa — 112
Problemas mais recorrentes na execução — 115
   Não cultivar bons hábitos — 115
   Sono — 118
   Casais infelizes — 121

Comunicação inadequada ____ 123
Traição ____ 124
Falta de respeito ____ 125
Falta de intimidade ____ 126
Infidelidade financeira ____ 129
Diferença entre expectativas ____ 132
Presença de vícios ____ 133

As técnicas ____ 135
  Um músculo no seu crânio ____ 136
  O(a) Zerado(a) ____ 139
  Mutante nível 1 ____ 140
  Mutante nível 2 ____ 145
  Mutante nível 3 ____ 148
  Resumir ____ 151
  Ensinar ____ 155
  Revisões ____ 156

Outras técnicas e métodos ____ 162

PARTE TRÊS: SANGUE, SUOR E MUITAS LÁGRIMAS ____ 163
  Uma chance ____ 167
  Criando oportunidades ____ 170
  O sonho distante ____ 172
  O seu deserto e o encontro com Deus ____ 174
  Recuperando minha fé ____ 177
  Reprovações ____ 184
  Persistir é a forma infalível de vencer ____ 186
  Fim (?) ____ 191

PRÓLOGO

Rio de Janeiro, 23 de maio de 2019, plenário do Tribunal Regional Federal da 2ª Região.

Houve uma época em que minha fé era inabalável, capaz de operar milagres. Digo isso porque nem sempre fui uma pessoa edificada, religiosa, fervorosa. Já fui ateu, e às vezes acho que exijo respostas demais de mim, e dEle. É difícil dizer. Sei apenas que, se não posso mentir para o Senhor, por que mentiria para você? Mas naquela época, naquele dia 23 de maio de 2019, naquela noite, minha fé moveria montanhas.

E moveu.

Estava eu sentado e quase cercado por cinco professores, doutores em Direito, parte deles juízes e desembargadores federais. Autoridades máximas da Justiça Federal do Rio de Janeiro, examinadores da banca para o décimo sétimo concurso para a magistratura federal. Era a prova oral.

Fui o penúltimo candidato a ser arguido. O nível de nervosismo era indescritível; ainda não inventaram uma palavra para esse grau, apenas os sintomas: palpitações, taquicardia, boca seca, enjoo, náusea, enxaqueca, sudorese; sintomas de extrema ansiedade que em raras ocasiões causam sangramento. Permaneci no centro do plenário, com uma plateia às minhas costas. Sentado na cadeira e com a cabeça erguida, não porque demonstrasse autoconfiança, mas pelo fato de que eles ficavam num tablado quase meio metro acima.

Atrás deles, uma cruz. Uma cruz no alto da parede do fundo do plenário. Uma cruz vazia. Eu tinha visto muitas cruzes com cristos pendurados, e muitas sem. Mas, naquele instante, me perguntei: por que *essa* é assim, duas hastes de madeira entrecruzadas? Onde Ele está? Confesso que realmente não sabia a resposta, pagão que era à época, pois nunca fizera catecismo ou qualquer estudo bíblico a respeito. Assim, diante da própria dúvida, a resposta me veio como um raio. São aqueles instantes em que o globo gira mais lento e o tempo quase para.

Então, a Voz falou dentro da minha cabeça:

— Estou aqui, do seu lado. Não tenha medo, já passei por isso.

Não fui bem na prova, não como queria. Respondi mal à maioria das perguntas, gaguejei demais. Mas terminei. E, quando fui liberado, voltei para a sala de preparação para cair num choro convulsivo que sacudia meu corpo. Eu chorava e agradecia a Deus por ter permitido que chegasse até ali, por ter me dado força para falar, abrir a boca e responder, mesmo quando não sabia as respostas.

Muita coisa tinha acontecido: desde uma crise de depressão, passando pelo fim de um casamento um mês antes da prova oral, até a completa quebra e insolvência financeira. Meu estado mental era um algodão-doce no centro de uma tempestade caribenha, e, para mim, conseguir terminar, superar o pavor e o medo da reprovação, era uma vitória.

Dali a pouco retornava ao plenário para ouvir o resultado das provas. Minha nota seria a penúltima a ser proferida, devido à ordem de arguição. Até chegar meu nome, quatro colegas tombaram com notas inferiores à média 6,0, mínimo necessário para ser aprovado. Explosões de choro de alegria e tristeza eclodiam aqui e ali nos assentos da plateia. Eu estava lá atrás, na última fileira, sentado num banco sem parentes ao meu lado, sem minha mãe, sem meus filhos, sem amigos, sozinho...

Sozinho, não. Olhei para a cruz. De longe ela era bem pequena. Ainda estava vazia, assim como o banco ao meu lado só parecia estar vazio. O desembargador Abel Gomes, hoje aposentado, disse meu nome, "Kleiton Alves Ferreira", abriu o envelope e completou:

— Nota seish!

É tão difícil escrever o que veio a seguir, tanto por ter sido um momento de alegria sem igual como por ainda agora, escrevendo, eu sentir todo o resquício de emoção que ficou e ficará para sempre aqui. A primeira coisa que fiz, em prantos de alegria e alívio, foi ligar para a minha mãe. Quando se trata de filhos e filhas, em coração de mãe cabe uma quantidade infinita de orgulho. Chorávamos os dois. Pessoas passavam, me viam soluçando com o telefone no ouvido e falavam: "Tadinho, na próxima você consegue".

Pelo resto da noite tive uma enxaqueca lendária, e até antes de pegar no sono uma ideia me perseguia, escondida em cada esquina, atrás da porta, embaixo da cama: de acordo com o edital, a nota era formada pela média das notas. Ou seja, somavam as 5 notas, cada uma atribuída por um dos examinadores, e dividiam a soma por 5. Nenhuma nota, salvo a minha, foi um número inteiro. Todos os outros 13 candidatos tiveram notas fracionadas, algumas com até duas casas decimais. Qual a probabilidade de isso ocorrer? Lógico, é claro que é possível num conjunto de possibilidades e probabilidades. Não vou catequizar a matemática. Mas o que significa a nota 6,0 nesse conjunto do meu caso específico? Um daqueles milagres que se realizam por meio do coração de homens e mulheres? Ou obra do acaso, pura entropia?

Responda você.

Sei apenas que passei, *na última vaga.*

INTRODUÇÃO

A primeira coisa que pensei quando comecei a escrever um livro sobre concursos foi: *Será que vou ganhar algum dinheiro?* Nossa, que sincericídio, Kleiton! Bom, o que você pensaria se eu dissesse outra coisa? Se eu abrisse esta introdução relatando que minha única preocupação é ajudar você a passar num concurso público, realizar seu sonho, e só e tão somente isso?

Venhamos e convenhamos: você quer um emprego melhor, que pague melhor, que dê melhores condições devida para você e sua família, e isso é consequência de uma boa remuneração. É o desejo por trás do desejo. Aliás, não há nada errado em pensar assim. Na verdade, temos muito em comum nesse aspecto, eu e você. Somos sinceros com nossos propósitos e nossas reais intenções.

Claro, eu disse que a primeira coisa foi "dinheiro", mas não a única. Eu sou escritor de romances ficcionais e gosto muito de escrever. Sempre tive vontade de publicar minha biografia, mas imaginava que não tinha muito o que falar sobre mim. Não é passar num concurso para juiz federal que autoriza, por si só, alguém a achar que os outros tenham interesse na sua história. Quantas pessoas não passam em concursos sofrendo dificuldades semelhantes? Que eu saiba, todo mundo. Daí pergunto: o que torna alguém, de alguma forma, objeto de interesse de outros, a ponto de ser atrativo ler um livro autobiográfico? Sinceramente não sei, mas desde que postei vídeos de minha história (aproximadamente 30 minutos) no meu perfil do Instagram, tenho recebido centenas de mensagens de pessoas que se inspiram, ou que têm algo em comum comigo, e sonham em ser juízes e juízas, ou só passar num concurso. Reparando nisso, pensei: *ora, acho que há aqui uma oportunidade de escrever mais um livro, e (por que não?) motivar e tentar contribuir com alguma coisa.*

Mas antes um alerta importante: nada do que você encontrar aqui, ainda que ponha tudo em prática, vai garantir sucesso e aprovação. Passar num concurso é consequência da união perfeita de uma gama de fatores, muitos dos quais estão fora do seu alcance. É triste e cruel, mas é verdade. Uma nota de corte eventualmente mais alta por uma falha na segurança, fazendo o gabarito chegar a pessoas inescrupulosas. Um examinador mais rígido, uma questão não anulada, a suspensão do certame, um atraso ou cancelamento no voo, uma doença, uma pandemia, uma guerra no Oriente, enfim, são tantas e tantas variáveis que a missão é fazer sua parte, para diminuir a probabilidade do erro e ser afortunado, agraciado por Deus.

Bom, se não garanto a aprovação, de uma coisa tenho certeza: mesmo não conseguindo, embora absorvendo o espírito da coisa, você *não* vai se acabar em desolação, em depressão sombria ou em crises existenciais nas sucessivas reprovações que vierem (e elas virão). Esses sintomas que abalam a saúde mental ameaçam a todo tempo quem entra no mundo dos concursos. Por isso é necessário pisar firme no chão, como um pugilista que sobe no ringue pelo cinturão, sabendo dos riscos de levar tanto soco na cabeça que a única certeza é a da derrota. Apenas assim o efeito danoso e colateral poderá deixar parte da sua mente intacta para recomeçar sempre que preciso. E vai ser preciso!

Portanto, justificada a pretensão de escrever, eu parei e pensei: *o que escrever?* A história pura e simples. Eu nasci em 23 de julho de 1983 em Arapiraca, cidade de Alagoas... Claro que não! Já comentei que escrevo, e escrever história de vida é maçante. Falar sobre o concurso, sobre a preparação, sobre as técnicas? Outros grandes escritores já fizeram isso, vide o mestre William Douglas e seu totem literário *Como passar em provas e concursos*. Então pensei em misturar tudo no liquidificador e derramar aqui uma autobiografia vitaminada, com uma dose tragicômica, intercalando aqui e ali o meu método de estudo e minha história.

Prometo tentar ser objetivo, mas não vou perder a oportunidade de incluir técnicas de escrita, como faço em meus romances. Por isso não estranhe se em algum momento você achar que está num livro de Bukowski.

PARTE UM

EU, O KLEITON

AGIR EM MEIO AO TERREMOTO

O tempo todo temos que decidir alguma coisa. Essa necessidade muitas vezes é causa de ansiedade, e se pudéssemos entregaríamos a escolha de boa parte de nossas decisões para outro em quem confiamos. Eu também sofro disso, e me desespero quando perco muito tempo diante de opções simples e talvez inúteis, como: "Devo tomar banho antes de ir, ou depois que voltar da academia?". Obviamente, não sou um sujismundo. De toda forma, a ideia de ir superlimpo ou não para a academia já me corroeu sagrados minutos de vida, e isso é impensável na atualidade. Hoje temos que ser supereficientes, mas antigamente nem tanto.

Para mim, quando tudo começou, as coisas eram bem diferentes. Foi lá atrás, nos anos 2000, e eu era apenas um aluno do ensino médio tentando um vestibular de Medicina. Até então minha vida era ócio puro, ocupado pela necessidade de estudar apenas quando me via diante da iminente reprovação. Parte disso devido ao vício em videogames, que me mantinha ligado a uma televisão por horas a fio, isso quando não estava gazeando aula para passar a tarde inteira num fliperama jogando *Street Fighter*. A paixão pelo futebol, pela seleção brasileira e pelo Botafogo era outra coisa que ocupava meu ideário juvenil com o sonho de ser jogador. Quantas tardes não passei jogando bola em campos de areia, levando carrinho, canelada, bolada, apelido feio e até ameaças de morte! Sim, fui menino rueiro, sim, e era massa! Tudo era bom demais. Eu vivia bem demais. Eu tive a *melhor infância* e a melhor juventude que o mundo poderia proporcionar a alguém no umbigo do mundo, que se chama Arapiraca.

Mas meu pai era um homem de seu tempo. Começou a trabalhar com meu avô muito cedo, e antes dos 18 anos abriu a própria marcenaria. Empregava funcionários com o dobro de sua idade. Camelô nato, fazia móveis e vendia-os nas feiras livres de bancas de rua. Enchia a carroceria da picape de mesas, cadeiras e armários e zarpava para as cidades vizinhas, para dividir o mercado com concorrentes, sendo um deles o próprio pai (meu avô). Ele me conta que um dos seus empregados, apelidado de Ciço Boquinha, perdeu um dedo decepado numa serra circular, e no hospital os médicos pensavam que meu pai era o filho do enfermo.

— Comprei um eixo, dois pneus de bicicleta e fiz um carrinho de confeitos para ele — conta meu pai, ao dizer que não podia pagar a indenização em dinheiro.

A vida para ele não foi fácil, e a minha era. Facílima! Por isso meu pai pressentia que era necessário um ritual de passagem para mim. A sabedoria lhe dizia que atingir certa idade biológica não era suficiente para amadurecer e preparar cada um para o mundo. Tudo intuição, nada deliberado. Contudo, mesmo defendendo essa forma de pensar, ele nunca exigiu que eu trabalhasse enquanto menor, tanto que arcou com gastos de meus estudos, inclusive um ano de cursinho pré-vestibular na capital.

Ao final dos doze meses em que dei uma de Ferris Bueller em *Curtindo a vida adoidado* e faltei à metade das aulas, o resultado óbvio se descortinou: reprovado em Medicina! Claro: era só praia na Ponta Verde de Maceió, jogo de bola, baralho de Magic e Yu-Gi-Oh, McDonald's, cinema, tudo bancado por um limite de cartão de crédito aberto por minha mãe, que apenas se preocupava que não faltasse nada para mim.

Voltei para Arapiraca amargando meu primeiro fracasso, e derramei duas lágrimas de cada olho. Seis meses depois, a namorada ficou grávida. Eu acabava de completar 19 anos.

DA PASSIVIDADE PARA A ATIVIDADE

A trama de uma história é a relação entre eventos na escala de conflitos. Na arquitrama estruturada no modelo clássico (usado nos filmes de Hollywood), o protagonista (o artista, como a gente chama aqui) é o agente provocador das mudanças. Ele age, ele decide, ele faz o filme rodar, ele vence desafios que surgem dos conflitos, faz o enredo se desenrolar e se resolver no clímax final.

Alguns de nós, em algum momento de nossas vidas, deixamos de ser coadjuvantes para nos tornarmos protagonistas da nossa própria história. Bom, pelo menos deveríamos. Isso acontece geralmente nos pontos de virada, o que os roteiros designam por *incidentes incitantes*. No meu caso, minha filha surgiu para mim como um evento modificador das estruturas que abalou minha vidinha de adolescente. Eu iria ser pai, viria a ter responsabilidades além das que tinha para mim. Outra vida além da minha dependeria desse meu despertar.

Evidentemente que na época eu não coloquei a questão assim, em termos precisos. Apenas ouvi meu pai dizer "Agora, cabra velho, você vai tomar jeito", e comecei a trabalhar na loja de móveis, que tinha uma fábrica anexada. Tirei a CNH e passei a dirigir uma Ford Ranger 1999, montando e fazendo as entregas. Praticamente fui empurrado para meu primeiro emprego sem escolha nenhuma.

Claro que eu poderia simplesmente continuar vivendo a mesma vida medíocre, poderia dizer a meu pai "Não, não vou trabalhar porque minha hora de acordar é 10 horas", poderia não me casar com a namorada, poderia entregar minha filha à sorte de uma pensão, poderia me desmaterializar e sumir, poderia deixar todos os meus demônios assumirem o controle e ligar o botão do F! Mas não fiz isso. Minha filha se formava no ventre da mãe, enquanto no meu ventre outro Kleiton ganhava contornos e expulsava a casca da adolescência. Foi a primeira mudança, e com ela a decisão: vou trabalhar.

Eu tinha que decidir e você também tem (ou já decidiu e temos mais ainda em comum). Quem não decide fica à mercê da decisão dos outros, que tolhem a liberdade, ou reduzem a autonomia, no mínimo se mantendo no marasmo. Isso parece tão clichê, tão piegas, tão "*coach* dos fracassos", tão autoajuda, tão óbvio que... Por que ainda assim nem todos fazem? As causas são inúmeras, não vale a pena discorrer. Em verdade, muitos não têm condições básicas e oportunidades, o que não foi o meu caso. Tive tudo e deixei passar. Daí a vida me deu um soco, e de repente eu era um proletário na empresa de meu próprio pai e precisava ascender de classe social.

Agora, escrevendo, faço essa reflexão. Entretanto, procurar causas e consequências de eventuais fracassos é uma obrigação de todos que se sentem insatisfeitos. Por isso, pare e reflita se sua vida também é uma sucessão de incidentes (doença, casamento, emprego, filhos), não importa se provocados por você ou não. Agora raciocine se as soluções apresentadas contaram com sua escolha e participação ativa, livre.

Vou ajudá-lo: você precisou trabalhar em algo que não era sua opção principal, em razão de um evento causador de necessidades urgentes? Você já se viu obrigado a largar os estudos? Você já se arrependeu de algo que, veja bem, *deixou* de fazer?

Dependendo de suas respostas, você talvez tenha sido a vida inteira o coadjuvante de sua própria história, personagem passivo, sem voz e sem liberdade. Mas não se cobre em demasia, porque é óbvio que assumir as rédeas do seu filme é bem mais complicado que escrever aqui. Eu ainda demorei muito para ganhar o papel principal, o que contarei mais adiante.

Agora quero apenas que você entenda de uma vez por todas: o momento de estudar para concurso surge na sua vida como um ponto de virada, um incidente incitante. Pode ser qualquer coisa, até assistir a um vídeo no meu Instagram ou mesmo ler este livro. O que importa é a decisão que você vai tomar quando isso surgir, e quando digo "tomar a decisão" quero me referir a algo tão grandioso que vai estremecer e derrubar as bases de sua vida. Estou falando de um terremoto de magnitude maior que 10 na escala Richter, no qual você terá que protagonizar a salvação de sua família em meio à catástrofe que se avizinha.

NOSSA VIDA CABE NUM FILME DA NETFLIX

Já percebeu que na maioria dos filmes bons que você assistiu há uma coisa que se repete com frequência? Algo inesperado está sempre atrapalhando os planos da personagem interpretada pela atriz ou pelo ator principal. Parece que tudo dá errado até dar certo, ou não, no *grand finale*.

Esse choque de expectativa e realidade é uma técnica de escrita que visa quebrar a monotonia de uma história linear: Jack acorda, toma banho, escova os dentes, vai ao trabalho, trabalha o dia todo, volta, come, dorme. No dia seguinte, tudo se repete. Um filme assim seria tedioso, faria você dormir se for como eu, que deixo a baba escorrer num sono profundo depois do almoço, assistindo a filmes ruins.

O bom filme começa normal e segue normal até acontecer o incidente incitante, e daí para a frente nossa atenção fica presa à trama.

Maria trabalha num escritório sob o jugo de um supervisor carrasco, que a qualquer momento pode demiti-la. Seus dias de segunda a sábado são assim, até que, num deles, passa por uma banca de jornal e vê várias pessoas amontoadas. Ela se aproxima e descobre que o governo local fez várias demissões e vai publicar um edital para contratar por meio de um concurso. Cargo público, estabilidade, livre do chefe escroto.

Maria pensa: *é minha chance.* Então ela procura material para estudos, adquire pela internet, mas as apostilas demoram para chegar. Entra em contato com o vendedor e descobre que sofreu um golpe. Sem estudar, Maria perdeu parte do precioso tempo, mas consegue outras apostilas com colegas de trabalho, entre eles uma amiga verdadeira com quem compartilha as aflições do emprego.

Daí seu chefe desconfia que alguns estão estudando para o grande concurso e que Maria faz parte do grupo. Começa uma perseguição pura e simples. Ele é um homem invejoso, amargurado, queria ser o gerente-geral, mas nunca conseguiu a aprovação nos processos seletivos internos por não gostar de estudar, e por isso tem ódio de quem estuda. Vai fazer de tudo para atrapalhar a vida de Maria, como exigir horas extras, cobrar mais, pressionar psicologicamente, dizendo que ela não é capaz, que não dará tempo, que se o seu rendimento diminuir mais ela vai perder o emprego, enfim, o cara é o vilão.

Mas Maria estuda nos intervalos para o almoço, no ônibus, na fila do pão, à noite, em casa, antes de ir dormir às 3 da manhã. O namorado não aguenta a ausência e termina a relação. Maria não desiste, bate todo o conteúdo, embora não se sinta preparada. Está sempre com a sensação de que ainda precisa estudar mais, de que não vai conseguir. *Talvez seja melhor nem ir fazer a prova,* pensa, e aí recebe o incentivo do pai ou da mãe ou de ambos. Ela vai, faz a prova e consegue ficar numa posição que lhe garante uma vaga.

O dia do resultado é de festa e alegria. Maria fica tão feliz que liga para o escritório para pedir demissão. Diria um "F*da-se" pessoalmente ao chefe, mas por ligação já basta. Além do mais, nem pensar em ir para o trabalho num dia de folga extra.

— Alô, passe para o Kleiton, por favor — ela diz ao telefone. Alguém do outro lado responde "ok" sem perguntar quem é e deixa o telefone no gancho enquanto vai atrás do supervisor.

— Kleiton quem fala, pois não.

— VÁ PRO INFERNO! — Maria dá um berro por não conter a emoção. Bate o telefone e cai num pranto. É abraçada por duas amigas, que a acalentam e lhe dão os parabéns. Há seis meses estaria no meio de uma dúzia de outros amigos, mas Maria se afastou de quase todos. O ônus do prêmio era a solidão. Era necessário.

Na semana seguinte ela começa a juntar a documentação quando descobre: um juiz suspendeu o resultado do concurso, numa ação judicial em que os antigos funcionários pedem o retorno aos cargos. Maria tem a sensação de que vai desmaiar ao saber da notícia. *Meu emprego!*, pensa logo em seguida. Começa a chorar, ainda no prédio da repartição pública, segurando os documentos. Sai pelas ruas como uma alma penada, imaginando coisas horríveis, um fim terrível.

Então seu celular toca. Ela o deixa tocar. Caminha até a ponte. Aproxima-se do parapeito, olha lá para baixo. As espumas das águas ao longe dão os contornos das pedras. Uma queda e tanto. O telefone não para de tocar. Ela pensa em atender. Quem sabe seja a mãe, e pelo menos falará que a ama antes de se despedir.

— Alô.

— Maria? Onde você está? Quer ser demitida? Você acha que vou me comover com seu choro por causa do concurso? Eu soube agora e sabia que você não conseguiria, vai continuar respondendo meus e-mails. Vou dar cinco minutos para chegar aqui, do contrário ponho falta! Onde você está? Não vai dizer nada? Que grande ironia, estudar tanto para nada. Se eu fosse você, pulava de uma ponte.

Um estalo! Maria sente algo que por palavras ela jamais conseguiria expressar. Uma lufada de vento sopra em seus cabelos, e ela se afasta do parapeito. O supervisor ainda está na ligação. É um sádico, e, como tal, é isso que ele quer: ver os outros sofrerem, sente prazer com isso. Maria não vai dar o gosto, não, não, não! Ela enxuga os olhos com o dorso da outra mão. Diz que chegará em tempo, e encerra a ligação.

Fim (?).

O quê? Cadê o final? Que filme horrível, dá zero pra ele.

Calma, o filme de Maria, assim como sua história, ainda não acabou, apesar que saber se ela vai ser empossada no cargo é de interesse máximo do espectador.

Escrevi esse microrroteiro para você entender que todos nós somos muito parecidos com personagens de filmes e livros. Existem milhares de Marias por aí tentando o concurso público, com desafios semelhantes, alguns piores até. Mas o que vai tornar seu final positivo ou negativo é a quantidade de esforço que cada um vai ter que empreender, e quanto vai arriscar, quanto vai jogar e quanto ainda pode perder. Maria perdeu amigos, quase perdeu o emprego, pode ter que gastar dinheiro com advogados, enfim.

Esse risco é seu, e quem decide fazer concurso público o aumenta exponencialmente.

MINHA FILHA, TRABALHO E PRIMEIRO CONCURSO

Leia sentado, que esta parte é comprida.

Quando minha mãe soube que minha namorada estava grávida, a primeira reação após o choque foi: será que vai ser menina? Eu tenho apenas um irmão por parte de mãe. Ou seja, foram dois filhos homens, com a segunda gravidez de risco e o fim da dádiva divina de conceber. A filha (a irmã que teria por parte de mãe) ficou só nos sonhos da dona Sandra. Foi então que a ideia de ser avó de uma neta ocupou as orações dela, que confessa:

— Eu orava e pedia a Jeová Deus para me dar essa bênção.

Eu, de cá, aproveitei:

— Mãe, se for menina, a senhora compra um PlayStation 2 pra mim?

— Compro! — ela prometeu sem pestanejar.

Consegue imaginar? Eu estava prestes a contrair a maior obrigação, na minha opinião, que uma pessoa pode assumir, que é ter e criar filhos, mas o pensamento era fixo no novo modelo de videogame.

Não houve chá-revelação, apenas o médico da ultrassonografia informando que era uma menina. O nome de minha mãe é Sandra Regina, e sugeri colocar em minha filha o de Sarah Regina. Uma homenagem. Dias depois, eu jogava *GTA San Andreas* no console preto da Sony.

A vinda da Sarah despertou em mim uma faísca de responsabilidade, mas não era a chama que arde e movimenta o maquinário da determinação. Eu ainda era desleixado, preguiçoso, inepto. Trabalhava mal, odiava trabalhar, aliás, e por isso ganhava pouco: cinquenta reais por semana, que eu gastava com jogos. Minha mãe era quem arcava com todas as despesas da minha filha, praticamente tudo!

A propósito, eu me casei e continuei morando com meus pais. Era um apartamento em cima do estabelecimento comercial de meu pai, sem justificativa nenhuma para chegar atrasado, e ainda assim eu só chegava depois das 9 horas, quando o expediente começava às 8.

Muitas vezes viajei com sono porque dormia tarde, jogando *God of War* até de madrugada. Numa dessas viagens, num cochilo mortal, deixei o carro descer para o acostamento e teria capotado se não fosse o Gerson, que gritou: "Vai sair da pista, Gavião!".

O Gerson era uma espécie de mentor. Era ele quem me orientava no trabalho, me ajudava nas entregas, montava, carregava o carro, cortava os tampos das mesas de vidro e fazia os estofados das cadeiras. Era um faz-tudo, o coringa do baralho, pau pra toda obra, dono de uma força sobrenatural, da agilidade de um felino e da perspicácia de uma coruja. Um sujeito sem igual, que, durante um incêndio no forno de uma padaria colada ao depósito de tintas da serraria, subiu nas linhas de madeira do telhado, acima das labaredas que quase lambiam seus pés, e derramou uma centena de baldes d'água que outros entregavam a ele pela janela do apartamento. Quando os bombeiros chegaram, as chamas estavam quase controladas. O sargento-chefe da brigada chegou a dizer: "Se não fosse esse doidão, tinha se acabado tudo". Meu pai e minha mãe são eternamente gratos pelos anos em que o Gerson trabalhou conosco. Eu, que recebi dele o apelido de "Gavião", tenho-o como o melhor amigo intergeracional que conheci.

O Gerson tem 25 anos a mais que eu. Sua história começou como trabalhador em fazendas de vacas, no alto sertão de Alagoas. Era vaqueiro, e ainda hoje sabe de tudo, absolutamente tudo sobre o assunto. Foi com ele que ganhei curiosidade e aprendi coisas da roça, coisas sobre animais, pássaros, cobras, plantações e até a fazer parto de bezerro.

— Veterinário estuda nos livros, mas não sabe é de nada. — Ele dizia.

— Oxe, sabe, sim. — Eu falava de cá no volante.

— Sabe não, e eu provo. Uma vez o finado Luiz Alfredo ia perder uma vaca que não conseguia parir um bezerro preso. Mandou me chamar. Cheguei lá, o broco do veterinário já tava guardando na maletinha preta o escutador. Condenou a vaca e o bezerro. Seu Luiz me perguntou se eu sabia tirar, eu disse que sim. Aí me abaixei, cheirei as partes da vaca pra ver se tava fedendo. Só cheiro de mijo e bosta, que é normal. Depois enfiei a mão, procurei a cabeça do bezerrinho e empurrei ele de volta pro fundo da vaca. Esse é o segredo: ao invés de puxar, tem de empurrar. A coitada mugiu de dor, mas aí eu descolei e aprumei o pescoço. Pronto, depois foi só ajudar ele a sair completinho. Só que o pobre nem se mexia, fraco demais. O veterinário se chegou, olhou pra lá, pra cá e disse: "Num falei que tava morto?". Deu vontade de dar uma mãozada nele. Me abaixei de novo e ouvi um bafo bem fraquinho saindo pela boca do desvalido. Foi quando enchi a caixa da titela de ar e assoprei com toda a força nos ouvidos dele. Um assopro tão forte que avoou aquela bagaceira de catarro pelas ventas, pela boca e pelo outro ouvido. Assoprei duas vezes. Na segunda ele se tremeu todo, igual uma camioneta velha, e se levantou.

Eu ouvia tudo impressionado. Eram tantas histórias que escrevi *As lagoas de sangue* e coloquei lá muito do que ouvi, tudo inspirado na vida do Gerson. O livro é uma recontagem de *Hamlet* ao estilo *Grande Sertão: Veredas*.

Mas, por mais que ouvisse e aprendesse, eu não colocava em prática, não repetia o modo incansável e a determinação absoluta com que o Gerson tratava os problemas e as dificuldades. Tudo para ele era "peixinho pequeno", e tudo ele resolvia. Foi alguém que deu vida aos dizeres "pra tudo tem um jeito, só não para a morte".

Eu, por outro lado, tinha ideias, só ideias. Comecei a me abusar de ser motorista e montar móveis. Subir até o décimo andar dos apartamentos com conjunto de sofá na cabeça. Montar maleiros, camas, ganhando 10 reais de gorjeta uma vez ou outra. Não, minha inquietação não me permitia ver o meu futuro naquela situação. Eu precisava de mais. Além disso, vivia inconformado com o que ganhava. Queria mais. Aquela loja era pequena para meu pai e eu. Brigávamos muito.

— Podemos montar uma fábrica de cadeiras. Uma indústria. Fazer mil peças por mês. Vender para todo o Brasil! — eu bradava a meu pai, e ele me ouvia sem me dar crédito.

Um dia resolvi fabricar eu mesmo uma poltrona. Iria provar meu potencial. Cortei a madeira, arriscando serrar meus dedos nas máquinas. Lixei as peças, bati pregos, colei aqui e ali, dei acabamento e finalmente testei. Meus 60 quilos foram suficientes para que as pernas da poltrona se abrissem. Quebrou em todas as emendas. Desastre total, e objeto de gozação entre os peões. Acabava ali minha vida de engenheiro.

Nessa época passei a cursar Biologia na faculdade do Estado de Alagoas e a ensinar Ciências numa escolinha infantil. Da quinta à oitava série. A garotada gostava de mim. Lembro que diziam que eu era o melhor professor. Lá ganhei o apelido de "Venta de Avião", e, um dia, um menino da quinta série me corrigiu ao vivo e em cores e na frente de todos quando escrevi na lousa "imundação" em vez de inundação.

— Tem certeza de que é com "n"? — ainda tive a audácia de perguntar.

— Tenho, sim, professor. Aqui, está no dicionário.

— Parabéns! Estava testando vocês todos, e você tem um ponto a mais.

Outro dia, um outro da oitava série, o mais voluntarioso de todos, escreveu uns versos para mim, e, com minha licença, declamou em voz alta para todos ouvirem:

Professor, professorzão,
A gente gosta do senhor,
De coração.
Melhor professor,
O Venta de Avião.

Pensei: *Finalmente um oponente à altura.* Ergui as mãos para acalmar os risos e deboches. Então, escolhendo no meu repertório um dos repentes de Caju e Castanha, solicitei:

— Alguém, por favor, puxa no pandeiro. Me dá a batida do repente.

De lá se levantou um, que logo transformou o próprio caderno num instrumento de percussão, e eu dediquei ao poeta o seguinte:

Esse cabra enoivou
Com uma galega em Goiana.
A moça era tão bacana,
Era filha de um doutor.
Um dia ele marcou,
Pra dormir na casa dela,
De noite foi beijar ela,

O quarto da moça errou,
E quando ele se abaixou
Foi na banana do pai dela...

Nesse dia, toda a oitava série ficou de castigo, inclusive eu. Quando terminei o repente, houve uma explosão de gritos, assobios, risos, gaitadas. Ninguém nunca tinha visto um professor fazer isso. Foi preciso a diretora aparecer na porta, porque, por mais que eu pedisse e implorasse, ninguém parava de rir, bater palmas, nas bancas, pisar no chão do primeiro andar. Quando finalmente controlaram a situação, o próprio aluno que me fez o poema assumiu a culpa pela baderna. Mas a dona Maria não acreditou. Já tinha recebido denúncias de que um professor novato falava "nomes" na sala de aula, como "febre do rato", "boba da peste", "gota serena". Provavelmente ela achou que aquele estremecimento fosse mais um de meus desvios. Não fui demitido, só passei um pouco de fome até quando fomos todos liberados, uma hora depois do fim das aulas.

Era bom ensinar, mas eu ganhava pouco. Menos do que trabalhando com meu pai. A experiência durou pouco mais de um ano. Acabava ali minha vida de professor.

Todavia, conheci pessoas que me apresentaram o mundo dos concursos. Uma delas foi o Jorge Samuel, agente da Polícia Civil de Alagoas, que infelizmente a covid levou em 2021. Conheci o Samuel em 2003, quando comecei a cursar Biologia. Quase 1,90 de altura, grande, largo, muito parecido com o Non, o gigante de preto que faz o trio de vilões juntamente com General Zod e Ursa no filme *Superman 2* (1980). Nerd até o osso, chegava com uma barulhenta moto CB400 e sentava lá atrás, onde eu também estava. Conversávamos de filmes nos intervalos, e um dia o assunto chegou em trabalho.

— Faça concursos. Banco do Brasil, Caixa Econômica. Tente a Polícia também. As coisas vão começar a mudar.

Naquela época não havia internet, e a gente só tinha a banca de revista para se informar com a *Folha Dirigida*. Jornais circulavam e informavam quais concursos estavam abertos. Numa dessas fiquei sabendo do concurso para o Banco do Brasil. Comprei a apostila, mas estudar que é bom, nada. Só enrolação. Não houve surpresa no resultado: não passei. Depois apareceu o dos Correios, oferecendo dez vagas para Arapiraca. Adquiri as apostilas e, para minha alegria, fui aprovado em décimo, última vaga.

Entrei no Correios e parei no pior lugar para entregar cartas: o quinto distrito. Ele compreendia parte da região do bairro Baixão, parte do Centro, o Manoel Teles e um pedaço das Cacimbas. O Manoel Teles também é conhecido pejorativamente por Catitas. É um lugar que por muito tempo foi considerado o mais perigoso de Arapiraca, devido à formação de comunidades extremamente pobres, sem acesso à educação, à saúde e a outros serviços básicos. Durante dois anos entreguei correspondência, levando contas, faturas, talões de cheques, cartões de crédito e outras coisas de valor. Nunca, absolutamente nunca, fui incomodado. Todos os dias eu entrava em locais em que a polícia não entrava e presenciava o consumo de drogas por homens, jovens e mulheres, algumas inclusive amamentando. Hoje acredito que as coisas estão melhorando por lá. Há um esforço conjunto dos órgãos em se fazerem mais presentes.

Eu não gostava do trabalho nos Correios, e a tendência era piorar. Perto dos chefes e supervisores, meu pai era o melhor patrão do mundo. Nessas grandes empresas há sempre uma cadeia de ordem que esmaga os de baixo. Sem contar que em locais de trabalho onde há muitos funcionários há muitas picuinhas, e é impossível ser gente fina com todos.

Mesmo assim eu não pensava em pedir demissão. Além disso eu precisava de suporte financeiro, pois acabava de realizar um sonho: abrir uma locadora de filmes. Sempre fui cinéfilo, e pus em prática a ideia de não precisar reservá-los em outras locadoras para assistir em primeiríssima mão. Muito luxo, não? O problema é que, como eu trabalhava nos Correios, pedi à minha mãe para administrar, e ela é Testemunha de Jeová, por isso não podia alugar filmes pornô. Eu soube depois que a pornografia representava quase 30% do faturamento de uma locadora. Como se não bastasse, DVDs originais, que comprávamos por 100 reais cada, começaram a concorrer com os piratas, adquiridos por 15 reais.

— Mãe, a gente não precisa mais pagar 100 conto num DVD!

— Jeová Deus proíbe a pirataria.

Meses depois tive de arrendar a locadora, mas já era tarde. Não havia clientela, e os piratas do Caribe arapiraquense já dominavam tudo.

Por causa do salário dos Correios, desisti da faculdade de Biologia e comecei a cursar Direito, pagando a mensalidade com metade do que recebia. Vale lembrar que ainda morava com meus pais. A escolha pelo Direito se deu porque era a opção na cidade, e porque em alguns concursos a matéria jurídica me ajudaria. Nada obstante, eu era uma negação como estudante de Direito. Só chegava atrasado, na segunda ou terceira aula, e minhas notas eram horríveis. Perdi a disciplina de Português Forense, Introdução ao Direito e outras que nem lembro. Pensava em desistir, abandonar os estudos.

Para piorar, o verme da imbecilidade fez morada em meu cérebro. Achei que deveria fazer grandes mudanças na vida, a começar pelo relacionamento, que ia de mal a pior. Minha filha tinha 3 anos quando decidi que aquele casamento não era o que eu queria. Eu também não queria o emprego de carteiro e, após uma rinoplastia com correção de septo nasal, pedi demissão, sem mais nem menos. Ao mesmo tempo, conheci a pessoa que é a mãe do meu filho e com quem me casaria pela segunda vez.

UM *SEGUNDO* INCIDENTE PARA MUDAR TUDO

Sabe, eu recebo tantas mensagens de pessoas que gostam de mim, que me tratam com carinho, mensagens que me deixam feliz, que me fazem sentir querido. Isso é bom, mas às vezes me causa vergonha. É que eu tenho um remorso tão grande de algumas coisas que fiz que às vezes me sinto mal em ser tratado bem, como se meu passado não fosse um pântano sombrio cheio de criaturas que devoraram sentimentos alheios. Em matéria de relacionamento, eu fui mal, muito mal. Claro que me arrependi e não faria novamente, mas acho que não consigo me perdoar. É uma raiva que sinto dessa minha versão mais jovem e arrogante.

Eu nunca vou esquecer quando a mãe da minha filha me perguntou: "Você vai me deixar porque me acha velha?". Eu tinha 24 e ela, 26. A voz dela ainda me persegue quando faço algo bom. Aliás, não a voz, mas uma sombra minha, um sósia, um dublê das más ações, que a reproduz e me lembra: "Não adianta, Kleiton, lágrimas derramadas não retornam". Daí eu derramo mais lágrimas, como as que agora mesmo "imundam" meus olhos. Eu só queria ser feliz, e tinha conhecido uma pessoa nova. Estava deslumbrado, enredado por uma paixão desenfreada, pronto para errar novamente, porque para o erro e o desacerto a gente já nasce pronto!

Foi dito e feito. Um mês de relacionamento, ela estava grávida. Não tive coragem de olhar para meu pai. Não tive coragem de contar para minha mãe. Peguei uma muda de roupa e fui para a casa da minha nova sogra. Saí do conforto de um apartamento com tudo dentro para morar num barraco. Sim, literalmente um barraco.

O meu, à época, novo sogro era conhecido em Arapiraca como "Bagaceira". Consertava para-choques numa espécie de oficina ambulante, e era tanta bagaceira que o apelido pegou. Quase como ciganos, eles não passavam mais de seis meses morando num mesmo lugar. Alugavam, pagavam o primeiro mês, começavam a atrasar e o dono da casa os despejava. Numa dessas mudanças, invadiram um terreno baldio, onde o velho levantou um barraco com toras de ripa, papelão e folhas de zinco.

Quando fui morar com eles por algum tempo, percebi que não ia conseguir suportar. Também não podia voltar atrás e deixar uma pessoa grávida de um filho meu, em meio àquela pobreza, ausência total de recursos, a ponto de as roupas serem guardadas em caixas de papelão, já que não possuíam móveis. Foi aí que ocorreu o segundo *incidente incitante* da minha vida, e o maior e mais forte de todos. A consciência do meu erro e suas consequências. A reincidência dessa vez não só me faria ser pai novamente, mas pai de uma jovem e uma criança, já que ambos dependeriam de mim para absolutamente tudo. Que tipo de homem faz isso? Onde eu estava com a cabeça? Qual castigo eu merecia?

Eu tinha 25 anos. Aluguei um quarto e fui morar com a segunda esposa grávida.

ALGUM NÍVEL DE FOME

Antes de meu filho nascer, eu estava desempregado. Havia pedido demissão dos Correios para me "dedicar" aos estudos. Tinha cursado mais da metade da faculdade de Direito, embora de forma péssima, e vi a possibilidade de um cargo público por meio do concurso do Tribunal Regional do Trabalho (TRT) da 19ª Região, para o nível médio, como técnico judicial. A prova ocorreria em alguns meses, tempo suficiente para o Kleiton Júnior ir crescendo ainda no ventre da mãe.

Eu precisava passar, não tinha escolha. Reuni na faculdade uma enorme quantidade de livros, apostilas, códigos e leis, alguns desatualizados, e comecei a estudar. Estudei como nunca, não em qualidade, mas em quantidade. Horas e horas a perder de vista. Tudo que fazia era estudar. Em todo momento do dia estava com algum livro, alguma prova anterior, respondendo a questões. Vale lembrar que em 2008 eu só acessava a internet por computadores e em uma *lan house*, então tudo era muito rudimentar.

Fiz a prova e fiquei em 200º lugar, longe das vagas. Lembro que voltei da *lan* com o resultado e fiquei meio perdido, olhando para as paredes do quartinho da vila onde morava. Era um quarto e sala-cozinha. Um fogão de duas bocas, um bujão de gás doado por minha avó Cleide, um frigobar e um colchão. Não tinha cama nem mesa, apenas o sofá de dois lugares onde eu estudava.

E agora?

Uma vez uma pessoa me perguntou se já passei fome. Parece uma pergunta tão boba... Claro que sim! Você passa da hora de almoçar sem comer nada e sente fome. Ou quando vai fazer um exame em jejum. Entretanto, como eu disse, a pergunta só parece boba. Há níveis de fome, e há níveis além dos quais a fome degrada o ser antes de matá-lo.

O Brasil é um país em que pessoas passam fome. Na África há locais em que pessoas morrem em razão da inanição. Eu, graças a Deus, nunca cheguei nem perto dessa espécie de fome. Mas posso dizer com absoluta certeza que, em alguma medida, senti fome por falta de uma refeição, ou o almoço, ou a janta, ou o café da manhã.

Sou uma pessoa abençoada pela união de meu pai, um homem dedicado ao trabalho, e minha mãe, uma mulher dedicada à família. Por favor, não me compreenda mal quanto ao papel de cada um, e principalmente o da mulher nas relações familiares. Não concordo que o modelo antigo se reproduza indistintamente, mas não podemos negar que era assim. O progresso não apaga o passado, assim como o passado não precisa continuar se perpetuando.

Enfim, minha mãe praticamente me sustentou até o nascimento do meu filho, enquanto eu só estudava. Acontece que, como eu estava distante, morando do outro lado da cidade, longe do lar em que vivi até então, sonegava de minha mãe os problemas domésticos, dentre os quais a falta de comida em algumas situações. Recordo que ela ligava, perguntava se eu precisava de alguma coisa, e eu escondia, mentia, dizia que estava na casa de minha sogra, comendo sopa.

É engraçado que nesse tempo engordei devido à má qualidade da alimentação: era muito pastel e suco de saquinho. Quase todos os dias nos alimentávamos de lanches e salgados. Biscoitos recheados e refrigerante. Quando almoçava, era abóbora cozida com miúdos bovinos. Muitas e muitas vezes mordi e senti como se mastigasse areia, pensando: *Esse boi tinha cálculo renal.*

À medida que a data prevista para o nascimento do Júnior se aproximava, mais apavorado eu ficava. *Vai ser preciso comprar fraldas, leite! Com que dinheiro?*, pensava e tinha pesadelos. Passei a procurar emprego, pensei em ser mecânico, lanterneiro, trabalhar com meu sogro. Meu pai não iria me pagar nada, uma vez que as despesas de minha filha ficaram nas costas dele. Hoje imagino a onda de caos que gerei em tão pouco tempo, e não havia expectativa nenhuma de melhora a curto prazo.

Então, num belo dia, publicaram o edital do estágio da Justiça Federal.

Ainda hoje esse estágio, que oferece uma bolsa e vale-transporte, tem sido uma boa opção para alunos de Direito começarem a se acostumar com concursos na área jurídica. Na época, a bolsa era de 630 reais, um salário mínimo e meio, o suficiente para o sustento da família. Eram duas vagas e a prova consistia em questões objetivas, uma redação e uma prova oral. Sim, uma prova oral em arguição feita diretamente por juízes federais.

Eu precisava passar, eu tinha que passar, não haveria outra oportunidade, não até meu filho nascer. Embora não fosse questão de morte, eu tratava quase assim, e daí comecei a estudar.

Antes de contar o desfecho, preciso acrescentar um fato atípico a que provavelmente você não atentaria se fosse um espectador do *Show de Truman* da minha vida. Da turma da faculdade saíram três juízes federais: o Roney, o Paulo e eu. Desde o princípio, os dois eram referências de bons alunos de Direito. A turma inclusive recebeu o nome do Roney na placa de formatura. O Roney foi aprovado para o concurso de analista judiciário para o Tribunal Regional Federal da 5ª Região (TRF5) quando ainda estava no sexto período, e não assumiu obviamente porque não era graduado. Depois passou para advogado da União e ficou em primeiro lugar no concurso para procurador do Estado de Alagoas, em 2009, tudo isso ainda estudante de Direito no nono período, tanto que a faculdade abreviou o curso com uma banca examinadora para avaliá-lo. O Paulo foi aprovado para delegado, defensor público, promotor de justiça e juiz federal, sempre em boas posições. Ambos passaram juntos no concurso para juiz federal, em 2015.

Mas, antes de brilharem com essas aprovações todas, eram só alunos, estudantes de Direito exemplares, detentores das melhores notas. Eu me formei no meio deles, a dupla que atraía fãs. Quase formavam um time Roney e um time Paulo. Eu apenas via o que eles faziam, o que estudavam, como estudavam, e passei a imitar, copiar, tentar me tornar igual. Era uma admiração beirando a inveja; eu queria ser inteligente.

Quando surgiu o edital com duas vagas para o estágio da Justiça Federal e eu soube que ambos estavam inscritos, pensei: *Já era, não vou conseguir. É impossível ficar na frente deles.* Mas não desisti, obviamente que não. E eu não precisava ficar na frente dos dois, apenas de um. Acredito que a ideia era apenas uma forma de me motivar a não desistir, um colchão ou amortecedor da consciência. Vamos falar sobre isso mais à frente. A princípio posso dizer que, mesmo que no fundo você saiba que não vai conseguir, criar cenários possíveis — vai cair um assunto que domino, por exemplo — ajuda a não estudar como um derrotado.

Eu estudei. Atravessei noites inteiras estudando e revisando, revirando assuntos à exaustão. Não é preciso repetir: os caras estavam anos-luz à minha frente. E a sua situação, a sua (de você, que me lê), não é diferente. Concorrentes seus estão na fila, a longa fila; estão na estrada, e você não tem outra saída a não ser encurtar esse espaço-tempo gastando mais tempo estudando. É assim que funciona, não há segredo!

A quantidade de matéria e estudo que o Paulo e o Roney consumiram nos últimos três ou quatro semestres, eu teria que devorar em dois meses. Indigestão? É o risco.

Você só tem uma vida, e seu corpo, esse mesmo cujas mãos seguram o Kindle ou o livro, é só uma carcaça que carrega seus órgãos, que um dia vão apodrecer embaixo da terra. Por isso, pau na máquina, bote pocando, entre no modo "doido de jogar pedra" e "psicopata americano". Foi o que eu fiz.

Então fui fazer a prova, e, para surpresa da turma, passamos para a fase oral do certame eu, o Roney e o Paulo.

— O Kleiton? Como? — perguntavam, abismados.

O fato é que eu precisava continuar estudando para a prova oral, que seria em pouquíssimo tempo. Engraçado que lembro muito pouco desse dia. Recordo só que tínhamos que ir de Arapiraca para Maceió numa Kombi fretada para nos levar e trazer. O local foi a sede da Justiça Federal em Alagoas. Havia cinco candidatos, e todos nós esperávamos a vez de cada um. Lembro que a banca era formada pelo hoje desembargador federal Rubens Canuto, à época juiz federal titular da Vara Federal de Arapiraca. Com ele, na arguição, estavam a juíza Cíntia Brunetta e outro juiz, cujo nome esqueci, mas não esqueço dele. No momento mais tenso da arguição, ele me perguntou sobre improbidade administrativa. Ficavam os três atrás de uma grande mesa, e eu do outro lado, encolhido na minha cadeira. Quando respondi, ele empurrou o *Vade Mecum* em minha direção e falou, apontando:

— Leia esse artigo da lei.

Me estiquei, peguei o livro e li, reparando no grande erro que havia cometido e atestando de vez minha ignorância no assunto. Senti um enorme baque dentro de mim. Erro que anulou todos os eventuais acertos. Tristeza. Incrível como só esse momento ficou na memória. Sensação de derrota. Um deslize que derruba, ainda mais assim. A lei dizia exatamente o contrário do que eu acabara de falar. Ele recolheu o código e ainda disse:

— Sua resposta está errada porque a Lei 8.249...

— ... 8.429 – a juíza Cíntia o interrompeu, corrigindo-o quanto à numeração da lei. Ele errara o número da lei, um erro simples, claro. Trocou os números 4 e 2 por 2 e 4. Bom, não deixava de ser um erro. Ele concordou com a correção, repetiu o número correto e perdeu a tara de continuar me corrigindo.

E aqui vem uma lição importante para você: nem adianta se preocupar, nem torcer para que nunca aconteça, porque um dia algum carrasco vai tentar decapitar você no cadafalso da prova oral. É quase sempre assim. Raramente há bancas em que pelo menos um deles não seja o malvado, o Gargamel dos Smurfs, o Mumm-Ra dos Thundercats, o Esqueleto do He-Man, o Vingador da Caverna do Dragão, aquele examinador que não quer que você passe, que não se importará em ver sua garganta travar, engasgar, colar a língua no palato e palavra alguma ser proferida. Eles estão sempre lá, rindo diabolicamente por dentro. Eles são bruxos, lançam feitiços com palavras que afetam o psicológico dos candidatos, desestabilizam.

Mas, Kleiton, como se defender? Calma, lá na frente veremos.

A atitude do examinador me causou tanto impacto que o restante da arguição foi uma negação. Talvez isso tenha sido levado em consideração pela banca, e assim fui aprovado com a média 6,0. Porém eram duas vagas, e quatro foram aprovados, sendo que eu ficava, mais uma vez, *na última vaga*.

Ah, quase me esqueço: na volta, todos os candidatos (eu entre eles), inclusive os hoje três juízes, aboletados na Kombi, quase sofreram um acidente grave. Um dos pneus, o dianteiro esquerdo, estourou, e o motorista não conseguiu controlar a direção, invadindo a contramão bem no meio de uma curva de uma rodovia. Para nossa sorte, não vinha carro de lá. Foi preciso parar no acostamento do lado contrário para trocar o pneu. Fui ajudar e furei os dedos nos arames do pneu rasgado. Será que ainda cabe dano moral por responsabilidade civil? Eu quase morri de susto! Bom, já prescreveu. Vida que seguiu, vida que segue.

O FIM DE UM CICLO E A VIRADA ANTICONCURSO

Para minha sorte, o Paulo e Roney haviam passado também no estágio do Ministério Público Federal (MPF), que em termos remuneratórios era idêntico ao da Justiça Federal. Sinceramente, não sei qual razão me levou a não fazer essa prova. Acho até que perdi o prazo de inscrição, devido à pouca publicidade. O fato é que, seis meses depois, ambos pediram exoneração da Justiça Federal para assumir a vaga no MPF. Nisso, fui convocado. Só alegria!

Meu filho já havia nascido, e eu, pela primeira vez, começava a não precisar mais da ajuda de minha mãe. Aluguei uma casa melhor, mais perto do fórum federal. Comprei uma bicicleta usada, e de segunda a sexta atravessava 5 quilômetros pelo acostamento de uma rodovia com caminhões e carretas que tiravam fino de cabelo de sapo de mim. Certo dia, um toró da peste (como a gente chama aqui) me fez chegar ao fórum ensopado, com as costas e o fundinho da calça sujos de barro, porque a bicicleta não tinha para-lama. Nesse dia trabalhei em pé para não sujar as cadeiras, até que um assessor apareceu, me viu no estado de calamidade e emergência e me liberou para voltar para casa.

O primeiro desafio foi a adaptação ao trabalho. Os servidores da assessoria acabavam de perder dois ótimos estagiários, e recebiam a terceira e o quarto (eu) colocados. A terceira era a Viviane, que hoje é promotora de Justiça em Arapiraca. Ou seja, alguém que, pelo cargo atual que ocupa, já dá para ter uma noção de que também era excelente estagiária.

Além da comparação com os outros, devo admitir que errava muito, refazia minutas e acabava, ao cabo de uma semana, dando mais trabalho que ajudando. E o pior é que tentava agir rápido, e nisso errava mais. Um dia o juiz titular deixou um recado à caneta anotado na minuta da decisão: "Veja que decisão genuína, não falou nada sobre o processo".

A nota era dirigida à assessora que me passou a tarefa, embora minhas iniciais ao final da minuta indicassem que o erro era meu. Ainda assim, o juiz se dirigiu não a mim, mas aos responsáveis. Aquilo me causou outro grande constrangimento, ao reconhecer que eu havia cometido um erro gravíssimo.

Hoje sei o tamanho da responsabilidade de um juiz numa vara com mais de 10 mil processos. Assinam-se diariamente centenas de decisões, despachos e sentenças. Não há como ler tudo. Não há. É humanamente impossível. É preciso confiar no pessoal da assessoria, dar a eles autonomia e as orientações necessárias para que a minuta fique pronta no sentido da procedência, ou improcedência ou do deferimento ou do indeferimento. Um juiz que lê tudo trabalha em sobrecarga e não dá conta do acervo, muito menos das causas mais delicadas, que ficam por anos aguardando uma solução. Daí que é preciso ter sangue-frio, passar o olho em cima e assinar. Salvo sentenças, principalmente as criminais ou sobre medicamentos, decisões e despachos são conduzidos a toque de caixa.

E o colega que achar que estou abrindo uma caixa de pandora, sinto muito. Não posso negar que é assim e que precisamos de mais juízes, o dobro, o triplo, mais concursos, mais e mais e mais. Você, concurseiro/concurseira, será o beneficiado se também pensarem assim. E nem se espante. Vá procurar saber como funciona nos tribunais superiores, como o Supremo Tribunal Federal (STF) e o Superior Tribunal de Justiça (STJ). Milhares de recursos são julgados todos os anos. Recursos com processos dantescos e gigantescos, cheios de teses, argumentos para serem rebatidos, pontos controvertidos, enfim, só vendo de perto para saber.

Bom, o fato é que eu errava tanto que o juiz avisou a assessoria que meu contrato de estágio não seria renovado. Quando ouvi do servidor que isso poderia acontecer, me desesperei. O que fazer?

Claro que tinha aí uma comparação implícita entre mim e os outros estagiários. Recordo perfeitamente que o Paulo, que publicou um livro de direito penal (excelentíssimo para concurso, por sinal), fez uma sentença criminal de 70 laudas que foi elogiada pelo próprio juiz titular, diante de todos da assessoria, um gesto que elevou o estagiário ao nível dos servidores. Era uma ação penal enorme, cheia de réus, provas e interceptações telefônicas que nenhum assessor ou assessora havia parado para examinar. Ao se propor e vencer o desafio, Paulo ganhava com isso um prestígio incondicional, deixava de ser só *um* estagiário para ser *o* estagiário, o melhor até então. Obviamente que eu só soube disso quando cheguei, e então percebi que meu trabalho estava sendo invariavelmente comparado com o de outro estagiário tão bom quanto um servidor. E agora?

Agora não restava outra coisa senão ganhar pelo menos 10% da consideração que o juiz titular tinha pelo Paulo. Nisso peguei um processo, uma ação penal sobre desvio de verbas de prefeitos, e comecei a trabalhar, ao mesmo tempo que fazia outras minutas. Quem é iniciado nos concursos para a magistratura entende quanto é difícil começar uma sentença criminal do nada. Eu não sabia para onde ia, e precisava de um modelo. Daí me baseei na própria sentença do Paulo, a de 70 laudas. Ele discorria sobre teorias penais, o conceito analítico do crime, participação, concurso de agentes e o escambau. A dosimetria da pena, um terço da sentença, era outro compêndio de direito penal. Quando comecei a fazer, o juiz percebeu e me chamou no seu gabinete.

— Kleiton, de que adianta falar sobre a teoria tripartida ou bipartida se não há na sentença a afirmação de como o réu cometeu o crime?

Ele passou minutos preciosos de seu tempo me explicando que eu não deveria tentar fazer como os outros. Que eu precisava achar minha medida, criar meu método, ser mais objetivo, mais conciso, convencer não pela quantidade de palavras, mas pela qualidade delas.

— O Paulo é o Paulo, você é você.

Guardei essas lições e as cultivo até hoje. Munido de uma nova forma de pensar, apostei todas as minhas fichas na praticidade: dizer muito com pouco. Além do mais, já percebia que o juiz queria me ajudar, e não sei se foi um sexto sentido dele sobre meu potencial, porque naquela época era preciso mesmo um sexto sentido para esperar alguma coisa boa vinda de mim. Mas eu me esforçava, e meus olhos brilhavam quando eu o ouvia dar explicações jurídicas, falando de cor os números dos artigos do Código de Processo Civil (CPC) de 1973, que até hoje lembro:

— Kleiton, nessa minuta, não esqueça que o artigo 219 do CPC fala que a citação válida interrompe a prescrição, mesmo quando o juiz é incompetente.

Eu o achava o juiz mais inteligente da galáxia, e o melhor do Universo. Quando ele não estava, mas com permissão, óbvio, eu entrava no gabinete e ficava olhando seus livros na estante. Lia as anotações, os grifos. Copiava ou tirava xerox de algumas páginas. Também as levava para casa, novamente com permissão dele. Ele, por sua vez, organizava com servidores mutirões em fins de semana e comparecia para trabalhar de sábado e domingo, aparecendo lá de bermuda, chinela, blusa normal. Uma pessoa normal, talvez com suas contradições internas (de que só ele e seu analista sabiam), mas acima de tudo humano, amante do ofício que exerce como sacerdócio. Durante a semana gostava de fazer audiências, atendia bem aos segurados especiais, aos advogados e às advogadas, era (ainda é, claro) amado pelos servidores, todos (!). Ele talvez nem se lembre de mim, depois de 15 anos e muitos e muitos estagiários. Mas eu lembro, lembro de tudo, e inclusive do dia em que ele assinou a sentença criminal, a primeira sentença criminal que minutei, a joia que guardo até hoje em meus arquivos.

— O doutor está lhe chamando no gabinete — um servidor da assessoria apareceu na minha baia para me avisar.

— Eu?

— Sim, é sobre a sentença.

"Sobre a sentença? Será que ele vai mandar voltar outra vez? Já vai ser a terceira. Bom, quantas vezes forem necessárias, vou reescrever."

Caminhei pelo corredor. Bati na porta, abri e pedi licença. Ele estava debruçado sobre uma pilha de processos físicos. Abriu um sorriso e, como de costume, bradou de lá:

— A minuta ficou excelente, tá de parabéns.

Claro, eu não chorei ali, mas a felicidade não cabia aqui dentro. Ver a assinatura dele com minhas iniciais KAF no rodapé das aproximadamente dez laudas de sentença, não tinha preço. Ok, vai aí um pedaço de uma matéria que saiu no jornal:

Na sentença, o juiz da 8ª Vara Federal de Alagoas chamou atenção para as listas das famílias beneficiadas apresentadas pelo réu: a primeira, durante o cadastramento; a segunda, na defesa perante o Tribunal de Contas; e a última, já nos autos da Ação Penal. Esta última, segundo a sentença, foi redigida por meio de máquina datilográfica, com a data de 26 de agosto de 1992 e assinada pelo próprio réu.

"O Ministério da Ação Social foi transformado em Ministério do Bem-Estar Social em 1993, um ano depois de celebrar o supracitado convênio com o município de Traipu. No entanto, conforme se vê, a expressão 'extinto' já estava destacada no documento datado (26/8/92) bem antes de essa modificação de ministérios ter ocorrido. Não há outra explicação senão a de que o documento fora confeccionado em outra data, pois quem o redigiu já sabia que o Ministério não existia mais", diz o juiz na sentença.

Ele ainda levou em consideração o fato de que Traipu possui um dos piores Índices de Desenvolvimento Humano (IDH) do Brasil e o desvio de verbas destinadas às áreas com baixo IDH causa um dano exponencial à população carente, maior do que o resultado típico do delito. "Se a verba destinava-se à melhoria de vida da população que vive no contexto de miserabilidade extrema, é evidente que o delito gera males gravíssimos. Piorar a vida de quem já está na extrema pobreza é ato que merece grande repulsa da sociedade", afirmou.

Foi uma realização. Uma faísca que me acordou do sonho, onde eu só sonhava que poderia um dia ser juiz federal. Agora era mais que um sonho, era a possibilidade, vertida, quem sabe, para a probabilidade. Eu era capaz. Desenvolver hemorroidas de tanto ficar sentado estudando e redigindo a sentença? Sim! Mas e daí? Os sacrifícios que fazemos elevam nossas vitórias a um patamar catártico sem igual. Você lembra da dor e depois aproveita o prazer, porque fugimos dela para alcançá-lo, e, quando isso ocorre, a alegria e a felicidade do momento são exponencialmente maiores. Eu experimentei felicidade, alegria gerada pelo esforço e pelo reconhecimento de alguém que eu idolatrava, e que meses antes tinha pensado em me dispensar e me repreendido com um recado ácido. Mas tive o pH básico suficiente para aguentar e superar as dificuldades.

O estágio não foi todo sob a tutela do juiz titular. Em algum momento de 2008, numa entrevista coletiva, o Ministério Público noticiou a descoberta de um plano para assassinar um juiz federal e um procurador da República. Pistoleiros teriam sido contratados por 100 mil reais. Pouco tempo depois, cinco pessoas foram presas e denunciadas. Os suspeitos também estavam envolvidos com crimes de roubo de carga e pistolagem. O juiz alvo era meu mentor, que infelizmente perdeu a paz por causa do exercício de suas funções. Foi preciso receber proteção da Polícia Federal, andar em carro blindado, restringir a própria locomoção e, talvez o pior, se afastar por um tempo da jurisdição.

Durante esse tempo eu tive contato apenas com o juiz substituto, cargo que hoje exerço mas que é inteiramente igual ao do juiz titular, salvo pela impossibilidade de designar diretor e funções de assessoria, por exemplo. Na época, o substituto era o carioca Victor Roberto, egresso da Procuradoria do INSS, magistrado supercompetente, por sinal. No quesito relacionamento, ele era o oposto do colega. Muito calado, sisudo, nunca falou comigo. Nada, nem uma palavra. A única vez que me olhou, juntou as sobrancelhas porque eu calçava uma sandália. Era uma unha encravada, não podia calçar tênis, e fui com um pé no calçado e outro na havaiana. Quando o vi me olhando de cima a baixo e parando no meu pé descalço, achei que viria uma bronca. Mas ele percebeu que era um machucado e me deixou na baia do estagiário, só eu e meu efêmero medo da represensão.

Victor fez o caminho contrário ao meu, já que sua família é toda carioca. Passou no TRF da 5ª Região e voltou para o TRF da 2ª região. Doze anos depois, em 2020, quando passei no Rio de Janeiro, nos encontramos novamente, dessa vez como colegas. Obviamente que ele não se lembrava de mim, e no nosso segundo encontro tive o prazer de ser seu aluno no curso de formação, na matéria de Direito Previdenciário, que, aliás, é sua especialidade.

O relacionamento de juízes com estagiários é muito distante. Devo admitir que infelizmente eu me incluo nas estatísticas. No meu caso o problema foi a pandemia e o teletrabalho, que facilita a vida dos servidores, evitando perda de tempo no transporte de casa ao trabalho, além de outras coisas. A eficiência e a otimização, entretanto, afastaram-nos uns dos outros. Passei um ano em Patos e não conheci todos pessoalmente, mas aqueles que conheci se tornaram meus amigos e amigas, servidores de competência ímpar que mereciam amortizar a carga do trabalho com mais tempo com a família e quem sabe estudando para passar num concurso melhor.

Fico triste quando recebo uma mensagem de um estagiário agradecendo o tempo que ficou comigo, dizendo que aprendeu, mas (e aqui sou eu que penso quando leio) nunca teve oportunidade de conversar pessoalmente, de eu ouvir a história dele e ele a minha, de proporcionar inspiração como o juiz com quem trabalhei proporcionou. Acho muito difícil surgir uma relação estreita como a que surgiu entre mim e meu primeiro juiz titular, mesmo que tenhamos nos encontrado na sede da subseção, se muito, quatro vezes. Por isso deixo aqui minha sugestão para você: vá atrás do juiz e da juíza, mesmo que nas primeiras vezes seja enxotado. É normal, mas você tem que tentar.

Agora, atenção: não exagere. Tudo que abunda transborda, derrama e faz uma bagaceira terrível. Vou contar um fato que ocorreu comigo em 2023, se me permite quebrar a linha temporal da história. Um estagiário de outra Justiça (não era da Justiça Federal) compareceu à vara para assistir às audiências. Eu já estava ficando conhecido com os vídeos no Instagram, e isso deve ter chamado a atenção do rapaz. Primeiro ele perguntou se poderia ficar ali do meu lado, o que é incomum, porque quem senta na cadeira do lado direito é o membro do Ministério Público. Bom, como o MPF se tornou um escritório virtual, e em todas as audiências o procurador da República está on-line (nada contra, a propósito), eu não me opus.

No primeiro dia o estagiário ficou em silêncio, no segundo passou a debater alguns detalhes sobre o trabalho na roça de algumas das partes, tudo isso sussurrando ao pé do meu ouvido. Coisa normal, nada que vá atrapalhar o trabalho das audiências. Mas aí, no terceiro dia (e a frequência passou a ser excessiva), as dúvidas e sugestões começaram a se tornar quase um bate-papo, já que eu não queria deixá-lo falando sozinho. Ainda assim, me fechei um pouco. Ele não percebeu, até que a gota d'água se precipitou de forma catastrófica. Numa audiência, eu perguntava a um marido viúvo que queria a pensão da falecida esposa. Sempre que isso ocorre, indago a respeito dos filhos, se o homem sabe sobre coleguinhas do filho ou filha, amigos e amigas, colégio, nome das professoras, professores, diretores, diretoras. Se sabe sobre remédios, alergia, o que os filhos gostam de fazer etc. Por quê? Pela simples razão de que me causa ódio um esposo que abandona a esposa e filhos e depois que ela morre o camarada vem pedir pensão. Daí que na audiência pergunto à exaustão:

— O senhor conhece as amigas de sua filha?

— Sim.

— Diga o nome de algumas.

Ele respondeu, se esforçando um pouco para puxar da memória. Normal.

— As notas de sua filha são boas?
— São, sim senhor.
— Então ela gosta de estudar?
— Gosta, é boa aluna.
— Ela estuda em colégio particular ou público?
— Público.
— Qual o nome do colégio?

Nisso, o pai demorou um pouco para lembrar. Absolutamente normal. As pessoas não precisam responder de bate-pronto. Mas, quando ele ia abrir a boca para responder, eu ouvi a resposta chegando do meu lado direito, o lado do meu ouvido bom.

— Nossa Senhora da Penha — o estagiário respondeu (o nome da santa era certamente outro que não lembro). Virei a cabeça para o lado e disse "Como?", e ele repetiu o nome e acrescentou que só tem uma escola nessa cidade, talvez sugerindo que o depoente não teria como errar a resposta. Não era essa a questão, acerto ou desacerto, mas sim saber se o pai conhecia um pouco sobre a filha. Eu realmente me aborreci, mas não disse nada. Acho que todo mundo tem a oportunidade de ser o primeiro a reconhecer os próprios erros, e isso o jovem, gente boa, diga-se de passagem, soube fazer. Um pouco depois, no intervalo das testemunhas, ele se encostou e pediu desculpas. Eu prontamente fiz um gesto positivo. Depois saiu. De toda forma, a pergunta e a resposta se tornaram inútil para o fim da prova. Contudo, não se passou um mês, ele voltou à sala de audiências para sentar ao meu lado. E eu, com esse meu defeito de não reclamar quando preciso, apenas falava o necessário para manter a educação. Ainda assim ele não percebia que ficar ali causava incômodo. A coisa só se resolveu quando falei para o diretor, que por sua vez falou com a diretora do estagiário.

Daí fica a lição. Seja inteligente na aproximação. Procure saber do histórico de contatos do juiz ou da juíza com servidores. Tem uns que nem "bom-dia" dão aos próprios assessores; você não será exceção. Depois, se você conseguir uma boa relação, não abuse!

No estágio, me tornei um assessor. Sério mesmo. Passei a trabalhar num ritmo frenético, fazendo muitas minutas, a maioria simples e de execuções fiscais. Todos passaram a me ver como uma peça relevante para a força de trabalho, e eu estava tão feliz que trabalhava com muita vontade, muito gosto, e excessivamente. Minha mãe comprou um notebook para mim, e eu vez ou outra pedia que ela me buscasse no fórum porque queria levar processos para casa. Daí trabalhava nos finais de semana e trazia de volta as pilhas de capas laranja na segunda-feira à tarde. Enfiava o *pendrive* e imprimia as minutas. Isso me rendeu tão bons frutos que, quando o estágio estava prestes a acabar, fui falar com o juiz para prorrogá-lo até o fim da faculdade. Havia essa possibilidade, de acordo com as resoluções do Conselho da Justiça Federal. Ele aceitou, e isso selou de uma vez o meu arco na Justiça Federal.

Na mesma época fiz o Exame da Ordem dos Advogados do Brasil (OAB) e passei de primeira, juntamente com o Paulo e o Roney. Eis que surgiu um fato inusitado. Um advogado da cidade me convidou para ser estagiário de seu escritório. Eu receberia um valor superior ao da bolsa da Justiça e teria garantida uma sala para advogar em regime de parceria.

Comecei a perceber que a advocacia até que poderia ser rentável, pois era comum achar processos com honorários de sucumbência (aqueles que se pagam exclusivamente ao advogado) cujo valor era o salário de um ano do juiz. Ou seja, achei que, de alguma maneira, advogar poderia ser uma saída fácil para a dificuldade financeira que vivera nos últimos anos. Assim, acabei me desviando do mundo dos concursos e entrando de cabeça no mundo da advocacia.

ADVOGANDO E EMPREENDENDO: ASCENSÃO E QUEDA

Existe um mito por trás da advocacia de sucesso que seduz a maioria dos jovens estudantes. A armadilha consiste em estabelecer uma relação de causa e consequência entre advogar e ficar rico. Isso ocorre pelo fato de a advocacia ser o tipo de profissão em que a aparência conta mais que a própria capacidade de exercê-la. A pura aplicação da Teoria do Medalhão, de Machado de Assis. Em resumo, a teoria, entre outras coisas, prega que o advogado bom é o que tem o melhor carro, a melhor casa, o que tem uma cobertura à beira-mar; esse é o que ganha todas as causas.

Acontece que a internet chegou para potencializar e criar uma massa de novos advogados e advogadas digitais, que ocupam os *feeds* de outros tantos e, preenchendo esse espaço de "faz de conta", posam como celebridades. Nada disso, acredite, vem da lide diária, da militância jurídica, da necessidade de despachar ou fazer audiências e encarar aquele juiz com dor de dente. O mundo que se vende na telinha do telefone é diferente do real.

A advocacia "arrasta pra cima" surgiu quando eu já não advogava mais. Acontece que, se ela aparecesse na época do meu começo, com certeza eu estaria entre aqueles para quem o glamour da profissão é mais um atrativo digital que uma consequência do sucesso profissional. Não vou mentir: eu começava a ficar ambicioso. Em verdade, comecei a advogar porque queria ganhar dinheiro, muito dinheiro, queria ficar milionário, ganhar milhões em honorários. Levaria tempo, eu sabia, embora estivesse disposto a pagar pelo sacrifício: trabalhar muito. E agora era hora de arregaçar as mangas.

Saindo do estágio na Justiça Federal, comecei o estágio no escritório, e lá fiz a transição de estagiário para advogado. Bom, no começo eu tinha as causas do escritório em regime de parceria, com a divisão percentual de 40/60, e ainda recebia um fixo mensal a título de assessoria particular para o doutor Paulo, outro advogado que me ajudou muito quando iniciei nessa carreira.

Foi um começo excelente, que só melhorou após o escritório fechar um contrato com uma das maiores empresas da cidade. Já de cara, eu, acompanhando as decisões do STF, levei para eles o então recente precedente que declarava a inconstitucionalidade da alíquota de 2,3% da contribuição previdenciária paga pelo comprador de produtos rurais. Isso impactava as compras de fumo e tabaco, e o valor era astronômico. Lembro que cobramos 30 mil reais de honorários, dos quais 12 mil eram meus. Uma tacada que me permitiu comprar um Celta duas portas, sem ar-condicionado. Entrei com a ação na mesma Justiça Federal de onde acabava de sair como estagiário. Falei com o juiz, que era desconhecido para mim, e conseguimos a liminar para suspender a cobrança. A União recorreu, e a liminar foi mantida pelo Tribunal. Bingo! Fui ao delírio. O pior é que, durante anos, nós do escritório pensávamos que aqueles 30 mil tinham sido muito pouco, já que a empresa passou a deixar de recolher 200 mil por ano a título de contribuição previdenciária.

Meu início como tributarista me rendeu dinheiro, e em 2012 eu era outro homem. Algo subiu para minha cabeça, uma espécie de verme da ganância, arauto da ambição, escriturário da acumulação. Nem fazia tanto tempo assim que quase passara fome, e agora, com dinheiro, muito dinheiro no banco, eu queria mais. Então se iniciou uma nova metamorfose, uma transmutação em um ser que eu não reconheceria hoje se o encontrasse.

Primeiro passei a pensar mais no "erro" de ter casado novamente. *Por que fiz isso? Eu ainda sou tão jovem, tenho apenas 29. Não precisava casar, era só pagar pensão*, pensava. E, remoendo um arrependimento *à la carte*, jogava gasolina sobre discussões e brigas, a maioria causada por futilidades hoje impensáveis.

Em segundo lugar, renovei o quadro de amizades. Não andava nos mesmos lugares, a maioria simples, da turma que ouvia rock, jogava RPG, Magic, Yu-Gi-Oh. Eles ficaram para trás. Troquei o caratê pela musculação e comecei a malhar, a me interessar pelo corpo esquecido, gordo e cheio de óleo de pastel e gordura de cachorro--quente. Queria ficar forte, braços fortes, ombros largos.

Na academia via coisas que não vira até então, mudando o aspecto dos meus padrões para a beleza feminina. Frequentava só, sem a companhia da esposa que estava comigo à época. A liberdade me permitia brincar com os pensamentos, que se tornaram um ninho de bichos peçonhentos. Como diria Macbeth, *"Oh!, full of scorpions is my mind"*, embora na verdade eu fosse o próprio escorpião, voltando ao meu estado natural de indiferença.

Me separei novamente.

Com a vida de solteiro de braços abertos para mim, passei a frequentar baladas, festas, vaquejadas, ficando com uma, com outra. Na época eu dirigia um Fiat Palio vermelho e pensei: *Vou comprar um carro de boy*. Fui a Penedo, a terra do Carlinhos Maia, e comprei um Jetta preto com banco caramelo (incrivelmente a concessionária de Arapiraca não vendia esse carro). Nada obstante a euforia luxuriosa, um fato no mínimo estranho aconteceu.

Dizem que é (ou era) tradição batizar um navio quebrando nele uma garrafa de champanhe. Pois, na minha primeira semana com o Jetta, um colega de ocasião batizou meu carro com uma porrada noutro carro. Ainda faltava colocar a placa. Até hoje as cotações de seguro no meu nome batem o teto, isso quando fazem.

Sabe, eu deveria ter visto nisso um sinal. Alguém compra um carro novo, caro, possante, e na primeira saída para uma balada um colega provoca um acidente que por pouco não leva o veículo à perda total. Amigo? Não, colega, conhecido, sei lá. Alguém que, como eu à época, me merecia e eu o merecia. Inclusive prefiro nem revelar o nome do sujeito. Eu não estava no carro na hora do acidente, recebi-o na porta da casa da menina que estava comigo naquela noite. Eram 7 e pouco da manhã. O par de casais havia passado a noite num show na cidade de Marimbondo, ao som de Mano Walter. Bebi todas, uísque Red Label e Red Bull. Ele não bebeu, queria voltar dirigindo. Eu realmente estava para lá de Bagdá, bebo cego. Lembro só de me deitarem no sofá da casa de alguém.

— Kleiton, você tá muito embriagado, melhor ficar aí se recuperando.

— É... — devo ter dito.

— Vou deixar a namorada em casa. Posso ir no Jetta?

— Vá lá... — devo ter dito.

Alguns minutos depois, ele volta.

— Kleiton, preciso te contar uma coisa...

Antes de ele terminar, eu já sabia. *Fi de rapariga bateu meu carro*, pensei. Todo o álcool evaporou do meu sangue fervente. Enquanto ouvia supostas explicações sobre o acidente, atravessei a casa para sair pela porta e ver a destruição. Tive certeza de que foi imprudência. Provavelmente um cavalo de pau mal executado, porque os danos foram todos na porta traseira do lado esquerdo. Ele pagou a franquia do seguro, e eu passei quatro meses sem o carro. Era a prova de que eu não servia para me jogar no mundo daquele jeito. Era a evidência de que eu tentava imitar um padrão de comportamento em que não me encaixava.

O que deveria ser um alerta não me serviu para nada, e, nos dois anos que se seguiram, 2013 e 2014, perdi quase tudo, tanto gastando demasiadamente (sempre foi meu ponto fraco) como achando que corrente de ouro é investimento.

Exatamente isso que você leu. Chegou uma época em que eu mais parecia um MC, com pulseiras de ouro maciço, corrente também de ouro, anéis em vários dedos, e não podia faltar o Rolex. Não tenho nada contra quem gosta de se cobrir com joias. Acho até bonito se você é alguém que faz da aparência uma vitrine porque vive disso, o que não era meu caso. Eu era advogado, e, na minha opinião, cabe no figurino, no máximo, uma volta fina, uma pulseira discreta, um relógio bonito ou um dedal imponente, sem o rubi, pelo amor de Deus.

Mas eu reluzia a ouro e, nessas de sair querendo comprar mais, visitei um tradicional cidadão de Arapiraca, pessoa muito rica, daquelas que nem sabem o tamanho do próprio patrimônio. Ele é um senhor e vende joias num ponto no centro da cidade. Predinho estreito, com vitrines repletas de relógios Citizen e Technos. Um dia, entrei e fui ao balcão.

— Bom dia, vim falar com o dono — eu disse a um velho que tinha um monóculo preso no olho. Estava consertando um relógio. Ele se levantou do balcão e foi lá para trás. Poucos segundos depois, o senhor dono da loja apareceu.

— Diga — falou numa voz grave. Branco, cabelo todo de fios também brancos. Um nariz enorme, cheio de varizes; olheiras escuras, dentes amarelos. O cigarro entre os dedos da mão esquerda.

— Quero comprar uma pulseira.

— Amanhã, venha depois do almoço.

Ele provavelmente não ficava com mercadoria na loja.

— Quanto é o grama?

— Cem reais.

Bom, antes de ir lá, eu havia pesquisado preços em outros lugares. Ali era o mais barato, não tinha dúvidas. Acontece que, quando se quer ficar absurdamente rico, mais que milionário, tem quem faça um pacto com Mamon, o demônio da riqueza. E esse tenente do Satanás ensina que é igualmente necessário explorar ao máximo o mais fraco, principalmente nas negociações, tirando o quanto for possível, e mais um pouco.

— Arranca a cueca pela cabeça, enfia a faca e o cabo — sussurra no ouvido do negociador.

E, para conseguir isso, só regateando, só pechinchando. Então eu, servo aplicado das hostes da ambição, pus em prática e sugeri:

— Seu fulano, e, se eu comprar uma quantidade assim, uns 200 gramas, tem como ficar por 95 reais?

— Olhe só — a voz grave era baixa dessa vez —, se você comprar 1 grama, é 100 reais. Se comprar 200, é 100 reais. Se comprar 1 quilo! — o volume da voz bateu no 8 —, vai ser 100 reais também. E se você não comprar nada — volume 10 — é melhor ainda, que eu não perco meu tempo, que vale mais que seu peso em ouro!

Fiquei paralisado. Boca aberta. Ele deu as costas e se foi. Por que choras, Código de Defesa do Consumidor? *Será que ele ensaia essas respostas?*, foi só o que consegui imaginar. No outro dia voltei, e ele havia levado as peças. Me convidou para o escritório, e lá escolhi uma pulseira. Belíssima! Depois passamos a tarde inteira conversando. Falamos de tudo, da vida, de negócios, do ramo de joias e das porcentagens de minérios necessárias para atingir um ouro 18 quilates de qualidade. Ele me ensinou a descobrir se as pedras de brilhante eram boas, me emprestou uns óculos especiais que aumentavam o tamanho quase como um microscópio. Mostrou uma caneta que encostava no diamante, e, como um termômetro digital, o aparelho informava o peso da pedra.

— Isso é um ramo de ladrão. Digo porque sei que é! Você entra numa loja de joias e paga até pelos passos que dá dentro dela.

Eu ficava impressionado com a sinceridade e a objetividade dele.

— Passei fome quando era pequeno. E quando cresci, assim como você, já tinha um troco guardado. Mesmo assim era seguro. — Ele fechou o punho, como alguém que não quer deixar escapar nada do interior da mão. — Meus colegas iam pra festas, e eu ficava. Não tinha roupa pra ir, nem queria comprar uma blusa nova.

Hoje não nutro admiração por pessoas assim, mas também não as julgo. Eu já julgo a toda hora, a todo instante, processos em que uns dizem que outros erraram. Quanto menos eu tiver que apontar para alguém e dizer o que fez ou deixou de fazer, melhor. Cada um vai ter seu momento, na hora certa, no momento certo, o julgamento com Ele, e o julgamento da História.

E, já que estamos falando de julgar, permita-me apresentar o réu, o MC Kleitin. Achando pouco chamar a atenção com aquela quantidade de ouro, coloquei quatro rodas aro 20 no Jetta e rebaixei o carro. Gastava horrores em bares, pagando a conta da mesa, jogando dinheiro para o alto, derramando Chandon e uísque. Por muito pouco não comprei um som paredão para tocar Luxúria, cujo hit da época era "Delegado".

Abra a mala e solta o som
Que o pancadão tá liberado.
É muita bandida
Pra um só delegado

Mas, de toda essa bagaceira em que minha vida se transformou, uma coisa me orgulho de não ter feito, se é que faz diferença. Nunca usei drogas ilícitas. Não existe razão para esconder de você, se tanta coisa já está sendo exposta. Acredito que só não atravessei essa linha porque certos valores inalienáveis ainda guiavam meus passos trôpegos. Como assim? Ora, eu já tinha mais de 30 quando comecei a destrambelhar, visando pertencer ao mundo mundano. Cheguei já relativamente velho, e minha personalidade, formada na adolescência, recebeu uma contribuição absurda da minha mãe. Sim, minha mãe, que me deu dezenas de surras de cinto, conseguiu de mim um respeito incondicional. Nós não somos donos dos nossos filhos, só os arrendamos, e depois os devolvemos ao mundo quando crescem. Mas, enquanto estão conosco e passam a nos respeitar, nossa palavra se torna guia e farol para eles. Essa é a joia do futuro: o respeito que um pai ou uma mãe conquista dos filhos. Talvez inconscientemente eu só fizesse aquilo que ela me permitia fazer, numa espécie de acordo, pacto do bem, do qual os entorpecentes estavam excluídos.

Além disso, nunca fui um "putão" na juventude. Na verdade era colecionador de foras, tocos e pés na bunda. Até quando comecei a sair mais eu demorava muito para dizer o que queria fazer, e achava um absurdo levar a menina para o motel no primeiro encontro. Ficava matutando: *Como eu vou dizer isso? Não sei como falar. E agora? E se ela disser que não quer ir? Levo pra casa, óbvio. Mas e se ela perceber quando já estiver na estrada? O motel fica na beira da pista. O que eu faço se ela pular do carro?* Ou seja, eu queria ser igual a eles, mas não conseguia, já que alguma força moral aqui dentro me algemava. E, se eu não gastava com pó, bala e maconha, com outras coisas era pródigo. Meus bolsos só viviam furados para deixar escorrer tudo que havia conseguido com trabalho árduo e esforço.

O gasto era tão alto que para sustentar esses luxos tive uma brilhante ideia: vou emprestar dinheiro e fazer o capital trabalhar para mim, enquanto torro os juros com Johnny Walker, gelo e charuto. Emprestar dinheiro, agiota? É um espanto, mas não há razão para mentir (já falei) a esta altura do campeonato.

O lado menos ruim é que, munido de conhecimentos jurídicos, eu sabia perfeitamente como fazer para emprestar dinheiro sem incorrer nas violações legais. Temos o crime de usura e o de fazer funcionar instituição financeira sem autorização. No primeiro, o sujeito empresta o próprio dinheiro cobrando juros equivalentes ao dobro do juro legal, que no caso varia entre 1% e a taxa Selic. O segundo crime é pegar dinheiro com outra pessoa e emprestar, cobrando juros, e não importa o valor. Ou seja, eu podia emprestar meu próprio dinheiro e cobrar até 2% sem incorrer em problema nenhum. A quem emprestar? Meu pai, lógico. Ele é meu pai, está em casa, tem um negócio, um comércio, precisa de dinheiro de baixo custo. Nisso, coloquei na mão dele uma enorme quantia.

Mas o dinheiro poderia trabalhar para mim de outra forma também, e, como se não bastasse emprestar para ter rendimentos pífios, pensei em algo maior: montar, juntamente com uma namorada (da época), duas lojas de confecções. Eu ia ficar milionário! E o pior: tirei ela do emprego, um emprego de vendedora externa que pagava bem. Ela não queria sair, mas eu insisti.

— Vai dar certo. Vamos montar as lojas — falei. — A gente viaja para comprar confecção. Seu cunhado está rico com isso. A gente pode ficar também.

Minha habilidade de convencer era incrível. Nisso, ela aceitou, e a gente saía aos domingos e viajava para Pernambuco. Primeiro Caruaru, depois Toritama, depois Santa Cruz do Capibaribe. Enchia o Jetta de mercadoria. A mala e os bancos, tudo entupido. Na ida, muitas vezes de madrugada, eu dirigia a 190 quilômetros por hora nas estradas. Precisava conciliar com os trabalhos do escritório, e tinha pouco tempo. Nunca sofri nenhum susto na pista, graças a Deus, mas a velocidade alta era uma constante. Quando lembro disso me sinto uma pessoa de sorte, e me odeio um pouco mais. Na feira livre, em meio às bancas de roupas, aprendi sobre moda, tipos de tecido, modelos de roupa, jeans e seus preços. A gente deixava o carro num lugar distante, ia para o meio da muvuca, comprava e voltava com as sacolas. Repetia o processo de oito da manhã até quase uma da tarde. Era cansativo demais. Mas eu queria ficar rico, e nisso "investia" em mercadoria.

Em Arapiraca, "investi" mais um bocado em instalações para as lojas. Tive funcionários pela primeira vez, e uma delas ameaçou "me colocar na Justiça". Paguei o que ela queria, e resolvi: décimo terceiro, férias e tudo mais. Foi uma confusão com a sócia, que levou a contenda para o lado pessoal. As brigas aumentaram, os desentendimentos a respeito de como conduzir o negócio também. Era uma namorada-sócia, e fui percebendo que o empreendimento estava acabando com a relação afetiva.

As coisas seguiram até a crise econômica de meados de 2014 afundar de vez o negócio. Acabei o namoro, e ela ficou com tudo. Absolutamente tudo. As duas lojas, as mercadorias, as instalações, tudo. Não fiz questão de nada. Não demorou muito, ela resolveu sair do ramo de confecções e vendeu o estoque ao cunhado. Acabava assim minha experiência como empresário. Meu pai, por conta da crise, já não me pagava os juros, e eu ia vendo o dinheiro se acabar.

Inevitavelmente, meu trabalho no escritório não era mais o mesmo. É claro que isso influenciou nos meus ganhos. Foi assim que, de repente, eu estava ficando liso novamente. E percebi que a quantidade de dívidas e obrigações que me cercavam, principalmente relacionadas ao meu filho e à minha filha, me apavorava. Eles começavam a crescer, e com a idade vinha a necessidade de escolas melhores, livros, roupas, mais despesas, planos de saúde, remédios, tanta coisa que só a hipótese de eu não poder pagar por isso me jogou dez anos atrás no tempo e me fez refletir sobre o futuro. *E como vai ser daqui a cinco anos?*, pensei.

Eu completava cinco anos de advocacia e ainda não tinha um patrimônio significativo para garantir o sustento a curto e médio prazo. A advocacia funciona assim: planta-se, colhe-se com certo tempo, guarda-se ou se investe para um novo plantio e colheita futuros. São ciclos que se renovam, e o patrimônio de uma advogada ou um advogado vai aos poucos aumentando, de modo que ao fim de trinta anos de trabalho ele ou ela tem imóveis, previdência privada, investimentos, ou seja, recursos suficientes para uma aposentadoria.

Eu não tinha nada, salvo por 60 mil reais emprestados ao meu pai a juro negativo. Assim, precisava recomeçar do zero, e o medo de a profissão não me ajudar me levou a pensar numa ideia outrora esquecida: fazer concursos.

PARTE DOIS

O MUNDO DOS CONCURSOS

A DECISÃO

Comecei minha história falando sobre a dificuldade de tomar decisões. Volto ao tema especialmente para você, concurseiro/concurseira. É hora da verdade, hora de decidir se é essa vida medonha que você quer.

É? Tem certeza? Não decida agora. Primeiro leia o que ainda tenho a dizer.

Entrar no mundo dos concursos é como sair de casa para uma aventura. Até agora você teve uma vida normal, de uma pessoa normal, num modo comum de dizer, com problemas inerentes a todos. Mas viver assim é morgado, tedioso. Você acorda todo dia, vai trabalhar e volta, e repete o processo até se esquecer em que dia da semana está. Você olha pela janela e vê seus amigos e amigas lá fora, se aventurando num mundo estranho, cheio de monstros, tais como dragões (examinadores), víboras (falsos "amig@s"), bruxas e feiticeiros (fraudadores), e qualquer um desses pode cruzar seu caminho e acabar te destruindo com reprovações sucessivas. Muitos desistem e voltam para casa derrotados, e a causa maior desse "game over" é que a maioria decide sair sem realmente ter a certeza de que é isso que quer.

Daí por que é preciso decidir, e concordar com sacrifícios, muitos dos quais dolorosos, causadores de cicatrizes profundas e eternas. Só assim, só sabendo que tudo pode ser em vão, é que a decisão tomada vai levá-lo para a aventura e trazê-lo de volta, talvez com o tesouro, talvez sem ele, mas pelo menos vivo.

Pergunto de novo.

Tem certeza de que quer entrar no mundo dos concursos?

Pois, então, bora!

Para começar, aqui faço uma reflexão: se eu não tivesse ido quase à bancarrota, se eu permanecesse só advogando, investindo numa carreira sólida, em casa e pai de família, se eu não me desviasse, muito provavelmente estaria advogando até hoje. Rico, com patrimônio suficiente para me assegurar estabilidade em curto, médio e talvez longo prazo. A gente nem estaria conversando!

Muitas de nossas decisões, que nos levam a destinos inexatos, têm pouco de nossa vontade própria e verdadeira. São as circunstâncias do momento, que independem dessa vontade, que nos guiam para aqui e para ali, fazendo escolhas por nós.

Olhe e preste atenção no que ocorreu com meu primeiro concurso depois da *decisão*. Era o certame para promotor de Justiça do Estado de Pernambuco. Eu havia recomeçado a estudar, e o Paulo – sim, o juiz federal que também foi estagiário – me passou valiosas dicas sobre estudo. Fiz a inscrição e fui comprar um *Vade*

Mecum. Na volta, numa das avenidas mais movimentadas de Arapiraca, em frente ao shopping, um velho num Fiat Uno atravessou o sinal vermelho. Eu vinha rápido como sempre. A pancada foi tão forte que por sorte o passageiro do Uno não se machucou. Perda total no carro do velho, e quase que o Jetta (pela segunda vez) ia para o ferro-velho. Era o melhor começo de todos para quem acordou pela manhã decidido a estudar.

Para uma coisa serviu: com o carro no conserto, me tranquei com os livros. Estudava 8 horas por dia, mesmo trabalhando. Um absurdo. Nesse tempo comecei a tomar Ritalina, que, para falar com franqueza, apenas me deixava sem sono. Era horrível lutar contra o cansaço, e os dias ficavam cada vez mais cansativos, com longas horas lendo a lei e respondendo a questões. Eu estava a todo instante lendo, ou ouvindo sobre a lei seca. Absolutamente todo instante. Almoçava e jantava com fones de ouvido. Ia a pé para a academia, e malhava com fones de ouvido. Como ainda trabalhava (era preciso), esperava o início das audiências lendo, escondido, afastado dos clientes que eventualmente eu teria de acompanhar. Faltando uma semana para a prova objetiva, pedi para não ir ao escritório, e o nível de psicopatia foi elevar a duração do estudo para 14 horas por dia.

Passei na primeira fase com a nota de corte, e a euforia me fez estudar mais ainda para a segunda fase. Nesse tempo já estava com o carro de volta, mas o hábito do estudo diário permaneceu e criou raízes. Assim, não mudei quase nada e fui fazer a prova subjetiva com a inexperiência de ter que fazer um rascunho da resposta.

Quem não faz concurso talvez não entenda e se lembre do tempo das redações na escola. Primeiro você elaborava um rascunho, cheio de garranchos e riscos, e depois passava a limpo, com a letra de caligrafia. Pois bem, eu fiz isso no dia da prova. Lembro que quando faltava uma hora para entregar eu ainda não tinha escrito nada na folha definitiva, embora soubesse das respostas. Um desespero bateu, a dor de barriga me abriu ao meio, e, se minha força de vontade não fosse tão grande quanto a do esfíncter, teria cagado nas calças. Escrevi tão rápido e tremido (do nervoso) que saí da prova arrasado, com a certeza de que não passaria para a prova oral.

Nisso, parei de estudar. E aqui deixo uma dica importante que você talvez já deva saber: *nunca se para de estudar, mesmo sem edital publicado e inscrição confirmada*. Eu parei. Pensei que poderia esperar chegar outro concurso. Os prognósticos do *CorreioWeb* apontavam para o certame de juiz de Direito de Alagoas (meu sonho), e, mesmo sabendo disso, dei uma de maluco e parei. Foi aí que conheci minha terceira esposa.

A propósito, creio que seja o momento de dizer que não revelo o nome de nenhuma delas por um motivo simples. Quero tão só preservar, tanto quanto possível, a intimidade e a privacidade de cada uma. São pessoas que refizeram a vida, constituíram novas relações, novas famílias. Dito isso, aproveito e peço que você, que presumo ser meu amigo e minha amiga, compreenda e respeite. Finalmente, não sou "o cara" nem o Roberto Carlos, e, se algum autor quiser me biografar, fique à vontade. Só duvido que seja mais transparente do que estou sendo.

Conheci minha terceira esposa na academia, e tudo começou com um namoro. As coisas iam bem até que a notícia explodiu: eu havia passado para a terceira fase, a prova oral do concurso para promotor de Pernambuco. Como? Como conseguiram ler minhas frases na prova discursiva? Pelo menos, e diante da calamidade que foram as respostas, minha posição despencou para além da centésima colocação. Era quase o último. A arguição já era dali a alguns meses, dois no máximo.

A princípio fui tomado pela euforia da grata surpresa. Logo em seguida, senti medo. A prova oral de um concurso não seria como a prova oral do estágio. Entretanto, o edital dizia que nessa fase se cobrariam apenas as matérias de Direito Civil, Processo Civil, Penal e Processo Penal, além de Constitucional, Administrativo e Direitos Coletivos. Uma moleza. O que mais eu queria?

Nada, era só estudar, fazer um curso de oratória e ir fazer a prova. Pronto. Ainda assim, me acovardei. Coloquei a culpa no novo relacionamento, aduzindo que iria para longe se passasse. O pretexto não tinha o menor cabimento. Pernambuco é Estado vizinho de Alagoas. Há comarcas a uma hora e meia de Arapiraca. O namoro estava no início, na verdade eu nem sabia se era um namoro, porque quase todo relacionamento começa muito incipiente. Era o caso. Além do mais, eu me escondi numa coisa que de fato não me impedia de fazer a prova. Era só viajar durante um único fim de semana, responder às perguntas e voltar. E mais: depois do resultado, não precisaria fazer nada, porque, mesmo que eu tirasse nota 10 na prova oral, minha colocação dificilmente subiria a ponto de ser chamado logo em seguida. Ou seja, criei desculpas para mim mesmo, pois nunca disse a ninguém sobre a desistência, salvo para minha mãe. Para ela, bastou eu falar que promotores eram os encarregados de acusar criminosos perigosos, líderes de facções, que alguns estavam sob constante ameaça. Para ela, minha desistência era um alívio.

Todos os candidatos passaram na prova oral. Mais de 100. Todos os aprovados foram nomeados e empossados nos anos que se seguiram. Um dia desses, um me mandou um *direct*. Hoje é promotor.

E eu, por causa da minha desistência, precisei de mais cinco anos até ser aprovado novamente para uma prova oral. Daí a insistência: você precisa ter certeza do que quer. É isso? Está preparado para entrar no mundo dos concursos, enfrentar seus medos, ter que em algum momento se deparar com uma banca numa prova oral, fazendo perguntas, sujeitando você ao ridículo de ser perguntado sobre as coisas mais mirabolantes do universo jurídico, como a tal da teoria da graxa, do vidro quebrado, do Romeu e Julieta, do cão chupando manga, da febre do rato, da gota serena, da boba da peste e outras que só pela misericórdia? (Esses examinadores não transam, só pode, para inventar tanta teoria desse jeito.)

Essa decisão é muito importante e... (eu ia dizer "sem retorno") se você desiste, a frustração é enorme. É como sempre jogar na loteria e de repente desistir de apostar seus números preferidos. Eis que um dia eles são sorteados. Você pensa: *Putz, perdi a chance de ficar milionário!* A desistência no concurso é parecida: há uma eterna tristeza com a ideia de que, numa prova dessas do futuro, você poderia ter sido aprovado. E quer saber? Sinto isso ainda hoje, quando imagino que poderia continuar estudando para ser "dono" de cartório, que é o filé mignon dos concursos (há registros de imóveis em São Paulo que lucram mais de 1 milhão por mês, líquido). São como números de loteria que deixei de jogar, e a cada novo concurso eu penso: *meu nome poderia estar nessa lista de aprovados*. Paciência, já tem tempo que perdi a vontade de ficar milionário. Só às vezes sonho acordado ganhando na loteria, comprando um jato, um barco, uma fazenda para enchê-la de gatos, cachorros, bodes e cabras, bois e vacas, e viver numa rede. Daí me dou conta de que morreria de tédio, e acordo.

PLANEJAMENTO

Tenho certeza de que alguns já pularam da capa para esta parte do livro. É normal. As pessoas, hoje mais do que nunca, estão num estado ininterrupto de ansiedade. Indigestas de ideias e sonhos. Querem tudo para ontem, e consomem as coisas tão rápido que quase não saboreiam. Para minha tristeza, provavelmente as próximas gerações vão perder o paladar daquilo que é simples e demorado, como ler um livro.

E é exatamente por isso que estou abrindo o capítulo sobre *planejamento* falando sobre ansiedade e aceleração voluntária. Não é por acaso. Se você pulou mais da metade do livro até aqui, faça-me o favor de rasgá-lo, tirar uma foto, me mandar um *direct*, que eu devolvo seu dinheiro. Você não serve para ser concurseiro ou concurseira. Você não tem futuro! Você tem tão só um sopro de existência misturado a um passado de que sequer se lembra. O que você comeu na sua última refeição? Duvido que lembre.

Bom, perdão aos que, como concurseiros e concurseiras disciplinados, seguiram a ordem das coisas e aqui chegaram com a enorme bagagem de semelhanças que temos em comum. Falando individualmente, você agora precisa internalizar o poder do planejamento, se é que já não o faz. Acredito que muitos saibam intuitivamente que se preparar é algo indispensável. Todavia, agem de forma contrária porque não é um hábito do ser humano fazer planos. Está no gene da raça humana esperar para improvisar, dada a necessidade de enfrentar o inesperado. Assim, agimos mais de modo instintivo que metódico, visando ser altamente adaptáveis às mudanças.

Contudo, prepare-se para replanejar!

Se falei que é necessário planejar, devo alertar que você não pode perder por completo essa centelha humana do improviso, da aleatoriedade. Em alguma medida, seu plano pode escorregar, pode dar errado, pode precisar ser refeito. Aliás, eu tenho absoluta certeza de que ele vai precisar mudar, porque o concurso muda sempre, você muda sempre, as circunstâncias mudam sempre, e, nisso, o engessamento de um plano é a receita certa para o fracasso. Então, ciente dessa necessidade, *don't panic* (não entre em pânico), mesmo que o mundo esteja prestes a explodir.

Vamos lá: qual o mais precioso bem do(a) concurseiro(a)? Tempo!

Não é a memória, não é a inteligência, não são os recursos financeiros (embora estes possam aumentar o uso do tempo, por exemplo, não tendo que trabalhar). Seu mais valioso e caro bem é o tempo que você tem à sua disposição para utilizar na execução do plano de estudos. Por melhor que seja sua memória, apenas parte do conteúdo vai se fixar por determinado tempo.

Eu não tenho vergonha alguma de dizer que não lembro de quase nada do que estudei há quatro anos. Acabou, esvaiu-se nos ficheiros da memória de curta e média duração. Assim vai acontecer com você e com a maioria, pois o conteúdo da matéria estudada tem vida útil curta em nosso cérebro. O que fazer para contornar isso? Estudar e revisar em pouco tempo o máximo de assunto possível, e descarregar no dia da prova. Não se engane: o estudo para concurso é muito parecido com o que você – se foi como a maioria – fazia nas vésperas das provas escolares. Aposto que você deixava acumular e na semana decisiva intensificava o estudo. Talvez isso seja até um dos motivos pelos quais somos eternos alunos preparados para decorar. Decorávamos a tabuada, as fórmulas matemáticas, as de física, os compostos químicos da tabela periódica, além de regras de gramática, de morfologia, de sintaxe, ou seja, uma infinidade de coisas que virou vapor e escapou pelos nossos ouvidos assim que acabou o ensino médio, obrigando-nos a estudar tudo novamente para o vestibular.

Por isso, repita o que já se acostumou a fazer em algum momento de sua vida: estude muito num curto período, tempo esse que, quanto mais escasso, mais valioso será para você.

SOU VELHO E NÃO TENHO TEMPO

Muitos seguidores me mandam mensagens perguntando sobre a importância da idade (a maioria com mais de 40) e com dúvidas a respeito do momento para começar a estudar. Eu sempre respondia (hoje é humanamente impossível responder a todos): quanto mais idade, mais esforço. Alguns agradeciam, mas invariavelmente eu percebia um certo descontentamento, não comigo, mas com a própria consciência da resposta.

Quanto mais sua idade aumenta, menos tempo você parece ter. Não sei se a ideia pega carona com a teoria da relatividade ou é só uma impressão das pessoas. Você era jovem e a semana demorava uma eternidade, o sábado e o domingo parecia que nunca iam chegar. Hoje, adulto e com um empreendimento e dívidas que vencem no fim do mês, você se sufoca com a velocidade do tempo.

Por quê? Eu acho, e aqui é opinião de botequim, que isso se deve à quantidade de tempo ocioso que não temos mais. Quase todo o tempo hoje é preenchido, e momentos de ociosidade são descartados com redes sociais. Sem contar que às vezes o celular nos consome valiosas horas de produtividade. Assim, por não nos darmos conta de que o tempo transcorre, perdemos o referencial, e nossa impressão é a de que "Putz, já é quase meio-dia!". É claro que isso se inverte quando o trabalho ou a ocupação é desagradável, assim como longas esperas, atividades repetitivas e exaustivas, enfim.

Então: se você precisa de tempo e um dia tem apenas 24 horas, ou seja, é um recurso escasso e, portanto, valioso, se é *verdade esse bilhete*, você tem que rever com o que anda gastando seu precioso tempo. Já de cara vou ajudá-lo com uma ideia para escapar do consumo excessivo de tempo com o celular.

Use as ferramentas "Tempo de Uso", no iOS, e "Bem-Estar Digital", no Android. A ferramenta vai lhe permitir saber quanto tempo você vem gastando com o celular, e especificamente com cada aplicativo. Muitas vezes o celular é uma ferramenta de trabalho. Eu mesmo estou escrevendo este livro pelo aplicativo do Word no celular. Então, é importante que você saiba exatamente com o que o seu tempo vai para o ralo, e qual aplicativo do seu aparelho mais consome seu mineral precioso. Às vezes é o Instagram, às vezes o TikTok, ou o YouTube, ou próprio WhatsApp, ou a Netflix, ou o Facebook, ou, esse é o Satanás, o X (antigo Twitter), que, além de consumir seu tempo, joga você numa batalha infinita de raiva e ódio e notícias falsas e cusparada na cara virtual e bagunça e *trending topics* inúteis sobre o *BBB* e o fim do mundo com um asteroide em rota de colisão com a Terra em 2055 – caraca, estou ficando puto só de lembrar da bagaceira que era passar 30 minutos do dia disputando narrativas com alguém que eu nem sabia quem era.

Bom, verificando onde tem gastado mais tempo no conjunto das 24 horas, comece a utilizar os próprios aplicativos para proibir você. Isso mesmo, no início não precisa desativar, mas acionar o limite diário, quase todos têm. O meu Instagram me avisa sempre que passo mais de dez minutos com ele aberto. Finalmente, sou alertado quando ultrapasso uma hora de utilização diária. É preciso coragem: quando o aviso vier, você tem que obedecer; disso depende sua aprovação nos próximos anos. Ok, e por qual razão não abandonar tudo e jogar o celular no mato?

Veja só: quando comecei a estudar, eu não tinha Instagram. Na época eu lembro de ter apagado o próprio WhatsApp. Exatamente, cortei toda comunicação por mensagens com qualquer um. Meus clientes me mandavam e-mails, e eu respondia. Quando algo era mais urgente, fazia-se a famigerada ligação; eu atendia e resolvia. Nunca deixei de atender, a não ser que não pudesse por estar ocupado. E as coisas eram resolvidas, nada ficava em suspensão infinita. Ao mesmo tempo, eu, por nem ter o aplicativo instalado, obviamente nem me submetia à tentação de abri-lo ou ser notificado de uma mensagem num grupo de amigos para jogar conversa fora. Naquela época não era possível silenciar grupos; o máximo que se podia fazer era desativar as notificações (todas!), de maneira que não recebia mensagem nenhuma. O fato é que alguém mandava, via que o destinatário recebeu, e a ausência de resposta era encarada como uma espécie de negligência do advogado. Eu dizia a todos: "Ainda não tenho zap". Hoje não é mais possível tal afirmação.

Por isso que falo: na minha época era mais fácil, eu não tinha nenhuma dessas coisas para me distrair, e estudava com celular perto, ao alcance da mão, atento a alguma ligação de urgência. Infelizmente, o que você não pode fazer é desligar o telefone para ficar incomunicável. Isso é temerário. Mas tudo que for possível, no sentido de evitar ter que pegar no aparelho para parar de estudar, faça, começando por identificar em quais aplicativos está gastando mais tempo e tendo consciência de que eles vão ser a causa do seu fracasso.

Beleza, Kleiton, verifiquei aqui que os *apps* X, Y e Z são responsáveis por uma média diária de três horas de utilização. Não ache que isso é pouco, não subestime o quanto nós somos lixeiros de conteúdo na internet. De posse dessa informação, tudo que você precisa fazer é acionar os limitadores de tempo e cortar pela metade. No exemplo, você ganharia uma hora e meia por dia para estudar.

E aqui começamos a planejar; verificando exatamente quanto tempo você tem disponível para se dedicar aos estudos. Atenção: essa quantidade não pode ser aleatória, um número maluco do tipo "vou estudar cinco horas por dia". Não dá certo fazer isso, vá por mim. Depois que desisti da terceira fase (prova oral) do concurso para promotor de Pernambuco, tentei bater recordes do tempo diário de quando havia começado a estudar. O resultado foi frustração e ansiedade. Vamos falar sobre isso na execução, mas o fato é que tudo que você planejar *vai sair diferente*.

"Oxe, sério, Kleiton?" Seríssimo! "Por quê?" Por causa de uma coisa: o Inimigo.

O INIMIGO

Na literatura, um dos livros que mais amo é *Grande Sertão: Veredas*. Nele, Riobaldo conta que não acredita no Diabo, que é uma invenção, e que o Cujo (há uma infinidade de nomes para representar o Satanás) é o próprio homem.

Eu acredito que o Inimigo existe. Lógico: se a gente se propõe a aceitar a crença divina, acreditar em um Deus vivo, o lado oposto, a essência do Mal, só pode ficar a cargo dessa entidade maligna com muitos nomes. E escrevendo agora, voltando às minhas memórias, eu só me surpreendo mais e mais com minha descrença de algum tempo atrás, pois, por diversas vezes, situações em que desviei do caminho da verdade, no caminho correto, me fizeram perder o meu precioso tempo de estudo. Não que tenha acontecido exatamente comigo, mas vamos a um exemplo.

João é um homem casado... Não, vou mudar. Vou falar de Ana.

Ana é uma mulher casada. Tem filhos. Dois. Um de 3 e outro de 11 anos. Ana é advogada e quer muito passar num concurso para procuradora do Estado. Seu marido é um empresário, empreendedor relativamente bem-sucedido que poderia muito bem sustentar a casa, os dois filhos. Mas Ana é constantemente alvejada por notícias de amigas e colegas que estão sendo aprovadas nos mais diversos concursos. Ela não quer mais fazer audiências, não quer ir ao fórum ter que pedir ao juiz para dar andamento ao processo cujo cliente não a deixa em paz. Ela quer mais, quer uma liberdade maior, quer participar mais na criação dos filhos. Então Ana decide estudar!

Compra um curso, compra livros, se prepara, planeja e começa a peleja. Tudo vai indo bem até que as primeiras reclamações do marido surgem. Indiretas. "Você não dá mais atenção ao Joãozinho", "Há mais de mês que a gente não viaja, não sou de ferro, passo a semana inteira na loja, quero tomar uma na praia com fulano, sicrano, beltrano", "Tô até desaprendendo como é que se faz, capaz de um dia errar também o buraco", e assim vai. Ana recebe cobranças dos filhos, das amigas, dos parentes, dos pais, dos clientes, de todo mundo... menos do colega advogado, que também estuda para o concurso.

— Antônio, você vai viajar pra fazer a prova em São Paulo?

— Vou, sim.

— A gente tá indo com um grupo pra dividir despesas, quer entrar também?

— Opa, que massa! Quero, sim.

E aí Ana e Antônio passam a fazer provas para procuradorias em vários Estados, sempre estão juntos no pós-prova e às vezes se hospedam no mesmo hotel, porque o táxi vai ficar mais barato. Vão e voltam no mesmo voo, comem juntos no almoço também, e assim se tornam amigos, confidentes, e Antônio reclama para Ana que a esposa tem sido intransigente em muitas coisas e que ele quer se separar; e Ana vê tanta semelhança entre os dois que compartilha da mesma opinião, e tem empatia, e a empatia vira afeto, e mais que afeto, porque Ana se imagina sendo esposa de Antônio. *Eu seria tão diferente, eu e ele faríamos tudo combinado*, e, do outro lado, Antônio também começa a pensar que sente algo a mais pela amiga, que é inteligente, bonita e entende ele, sabe quanto tem de sacrificar para ser aprovado. E, finalmente, o Inimigo lança uma flecha no coração de cada um. É quando sabem da notícia da aprovação de Ana para a fase oral, e, alegres, ambos saem para comemorar, e se abraçam, e as maçãs dos rostos escorregam no óleo da felicidade, e os lábios se tocam, e o pecado é consumado.

Por que estou contando uma história como essa na parte sobre planejamento?

Porque se preparar para enfrentar o Inimigo faz parte do plano. Coisas inevitáveis vão ocorrer. Você precisa se antecipar a tudo aquilo que eventualmente possa destruir parte de sua vida. Por outro lado, a vida de concurseiro(a) é muito solitária. Sem contar que, em boa parte, a saúde *mental* é a mais afetada. Assim, tudo contribui para que o(a) concurseiro(a) fique mais sensível, menos tolerante e muito suscetível ao fortalecimento de relações novas, no famoso "no início tudo são flores". O ser humano procura conforto no próximo, não em alguém disposto a contestar, a dizer "não". É por isso que um pet, mesmo não sendo *seu* gato ou *seu* cachorro, é considerado algo tão absurdamente importante para as pessoas nos tempos atuais, mudando o comportamento a ponto de alguns casais preferirem o Bob ao Enzo, a Lucy à Valentina. Pets sempre dizem "sim" e são perfeitos, todos eles, e a empatia que você tem pelo seu é enorme a ponto de se compadecer com o dos outros.

Logo, um romance como o que surgiu entre Ana e Antônio, nessa altura do campeonato, na véspera da prova oral, quando ela mais vai precisar estudar, pode ser catastrófico.

Paixões proibidas são terminantemente proibidas para quem entra no mundo dos concursos. Não há espaço para um terceiro. Não há! A vida a dois já desgasta: imagine a três. É caixão e vela preta. Por isso, evite caminhos que levam a ruas sem saída, tais como trocar mensagens com contatinhos, ou compartilhar problemas que tem em casa. Quer desabafar? Vá ao psicólogo ou à psicóloga. Sem contar que a terapia ajuda você com outros problemas. Quebre a cadeia de eventos antes que os próximos se sucedam, dê uma de vidente, veja o futuro mudado, tanto para melhor quanto para pior. Às vezes é mais eficaz vê-lo por um ângulo negativo, em que você perde tudo: família e concurso. Cuidado com amizades muito próximas, seja mais resiliente com cobranças de sua família e, se tiver de escolher com quem sair, sem dúvida prefira a esposa ou o esposo a amigos de ocasião. Eles são amigos, ela ou ele é seu par para o resto da vida. O mundo pós-apocalíptico que se aproxima (o apocalipse está ocorrendo agora mesmo) vai exigir a união indissolúvel de casais e da família. O quadro mais bonito de felicidade é um velho e uma velha de mãozinhas dadas. Ali jaz a felicidade eterna. Isso porque as pessoas estão ficando cada vez mais carentes, mais frágeis, mais sujeitas às intempéries da vida.

Será que os povos antigos sofriam de ansiedade? Não sou futurologista, ou alguém da área da psicologia, mas tenho certeza de que a evolução (desde a revolução da agricultura até a da Inteligência Artificial) destruiu a couraça ou o capacete mental, deixando o cérebro das pessoas nu. A pandemia e a comunicação digital jogaram uma pá de cal no restinho da sanidade mental.

Eu, posso dizer, era uma vítima, porque até um tempo atrás sofria para compreender a finitude da existência. Acho que uma das coisas que mais causavam medo a quem estava internado com covid era a hipótese de morrer em solidão. Quantos não gravaram vídeos ou deixaram recados para parentes antes de serem intubados? Assumiram e aceitaram o próprio fim.

É por esses e outros motivos que eu defendo a união da família em torno de grandes desafios, porque ela é a menor unidade de um conjunto de pessoas com objetivos comuns que podem cooperar entre si para a realização deles.

"Sou solteiro, ou solteira, então devo continuar assim?" Eu não disse isso. Falei que o ideal é se planejar levando em conta todas as circunstâncias da vida. Se não há ninguém com quem você divide responsabilidades, seu planejamento se torna mais simples. Mas, se você já é uma pessoa casada, o fato de ter esposa/esposo tem que pesar na decisão para prestar concurso, e no planejamento. Aliás, nesse nível mais sério de relação (o matrimônio por casamento ou união estável), *o recomendável é que a decisão seja do casal* e que em alguma medida cada um tenha a parcela de concordância para assumir os sacrifícios.

"Kleiton, você deveria ter dito isso quando falou sobre decisão." Não! Quem decide é você, a liberdade é sua. Agora há pouco eu disse que o "recomendável" era uma decisão conjunta, mas nem sempre é assim quando se é casado ou casada. As pessoas são egoístas por natureza, e quem está com você não é santa ou santo, perfeito, livre de defeitos tais quais os seus. Então pondere o conflito, decida e compre a "briga". No planejamento, tente mais uma vez e lembre-se de que tudo pode azedar na execução: a pessoa que está ao seu lado pode (ou provavelmente vai) dizer que isso não é o que ela quis para a vida dela. Digo isso por experiência própria: meu terceiro casamento acabou, em grande parte, por causa de concurso. Mas isso é história para mais à frente. Agora vamos falar de outro aspecto do "planejamento".

O SANTO GRAAL

Depois de recuperar para si o tempo apropriado (é um eufemismo mesmo!) pelo Elon Musk, pelo Mark Zuckerberg ou pelo Zhang Yiming (dono do TikTok), e após se preparar para enfrentar o Inimigo, alicerçando bem a base de sua família, o próximo passo é reunir o material de estudos.

Quando eu fazia concurso para o MPF, havia um tal de Santo Graal, que nada mais era que o resumo do conteúdo programático do edital dos concursos anteriores. A prova oral do MPF era uma das mais difíceis, mais até que a prova oral para juiz. Eram oito examinadores que ficavam em guichês, e o candidato ia de baia em baia respondendo às perguntas. O assunto era sorteado na hora, com base em um ponto que continha três subpontos, e isso causava muita ansiedade. Tudo parecia muito aleatório, e precisávamos ter uma visão geral, pelo menos rasa, de todo o assunto, para não correr o risco de chegar na hora e não saber responder nada sobre o ponto sorteado. Os examinadores bonzinhos, diante do ponto, diziam "Discorra sobre esse tema", e o arguido começava a falar sobre aquilo que sabia.

Por causa desse modelo, alguém teve a ideia de dividir os pontos entre vários candidatos aprovados para a prova oral, e o esforço de cooperação fez surgir o Santo Graal, que foi crescendo a cada concurso, porque alguém ia lá e colocava mais e mais detalhes sobre os assuntos. De um resumo, o documento em Word se tornou um material completo para estudos, e reza a lenda que houve quem tenha sido aprovado só estudando com a relíquia sagrada.

Por que estou dizendo isso? Porque você precisa fazer seu próprio Santo Graal. "Na preparação, Kleiton?" Não, na execução. Mas a relíquia começa pela preparação. Todo material que você vai reunir na preparação deve servir para o seu resumo, para o seu Graal. E aqui não vou negociar com você: não dá para ser um caderno só de papel. Não dá, nem tente. Se você é uma daquelas pessoas que escrevem à mão (e eu fazia isso), procure uma forma de digitalizar tudo, nem que seja escaneando seus cadernos.

Foi o meu caso. Eu tinha os cadernos escritos e o arquivo digital com as fotos ou PDFs. A razão é simples: como eu disse antes, o tempo é o objeto mais valioso, e o candidato não pode se dar ao luxo de perdê-lo numa fila de supermercado, à espera de um médico, dentista, no fórum, no voo ou no saguão do aeroporto. A todo instante é preciso ter ao alcance da mão um material condensado que caiba no seu celular. Não é tablet, não é notebook, é celular mesmo.

"Poxa, Kleiton, que complicação!" Sem "mas isso, mas aquilo", tem que ser no celular pela simples razão de você estar com ele o tempo todo. Só isso? Não, isso e porque o fato de portar o telefone ininterruptamente para sempre consultar seu Graal vai se tornar um hábito tão arraigado que cinco simples minutos vão ser suficientes para ler aquele trecho do resumo que vai ser a questão decisiva na sua prova.

Não subestime o acaso; ele é a arma mais poderosa dos sortudos inteligentes.

E como encher esse resumo chamado Graal? Não há uma forma fixa. Como estudar é algo muito particular e o processo de aprendizagem também funciona assim, tudo que é possível prever é o aumento gradual do material. De toda forma, leva tempo. Vamos ao que eu fiz, após muita tentativa e erro.

Jamais gostei de assistir a videoaulas. Até que um dia resolvi comprar um curso de Processo Penal do Renato Brasileiro. Aí pensei: *Pô, o professor só fala coisa importante, não deixa nada de fora. Vou começar a copiar no notebook.* E comecei a resumir tudo num documento de Word. Os pontos relevantes, os julgados, as posições majoritárias e minoritárias, a posição do STJ e do STF, e assim por diante. Com o passar das aulas, percebi que meu resumo era tão completo quanto um livro de muitas páginas. Além disso, revisar pelo resumo me custava poucas horas de estudo. E o mais fantástico: com o passar do tempo, bastava bater o olho para lembrar de tudo. E, finalmente, cabia no celular.

Você tem que preparar seu Graal para se tornar uma ferramenta útil. É por isso que o modelo tem que ser pensado na preparação. E qual material vai usar? O básico começa com livros de doutrina, lei seca acessada do site do Planalto, informativos do STF e do STJ, questões de outros concursos. Se você está começando, escolha livros simples, pequenos. Não vá comprar o *Curso de Direito Constitucional* do ministro Gilmar Mendes. Não que ele não seja necessário, mas é importante vencer todo o conteúdo de Direito Constitucional primeiro num livro curto e de fôlego. Além disso, quando você escolhe um livro grande, com mais de mil páginas, por exemplo, a estrada se torna mais longa, e o final dela desaparece na sua frente. Isso causa imediato desânimo e frustração, tão somente pelo fato de você não conseguir terminar o conteúdo de uma matéria.

Inclua no material as videoaulas. Não sou professor de cursinho nenhum, por isso tenho a liberdade de dizer que você pode escolher qualquer um, desde que goste de ouvir os professores, goste do modelo de ensino. Obviamente que nem todos os docentes dão aula da mesma forma, e haverá uma ou outra matéria em que seu desempenho diminuirá na retenção do conteúdo. Se isso acontecer, tente outros cursos, ou matérias isoladas. Hoje é o que não falta. Não aconselho comprar cursos piratas, por uma razão simples: coloque-se no lugar do professor que esteve ali gastando saliva e fala para fazer você aprender, e enquanto isso um parasita se apropria do conteúdo para vender os links de arquivos na nuvem. Isso é safadeza. Nem adianta dizer que é democratizar o ensino. Não, não é. Você não vive de ar; trabalha e quer receber por isso. Assim são os outros.

Finalmente, há cursos de todos os valores, e ainda há iniciativas para alunos de baixa renda, e cursos maiores que dão bolsas, inclusive integrais. Quer entrar no serviço público? Esqueça o jeitinho, comece do jeito certo. E, a propósito, se estiver lendo este livro em um arquivo pirata, desejo desde já que seu celular esquente até a bateria derreter o chip e não sobrar nem a agenda telefônica!

O COFRE

Chegamos à etapa da preparação que muitos resumem na seguinte pergunta: trabalhar e estudar, ou só estudar? Geralmente a pergunta é feita por quem pode estudar e se manter por outros meios (família, esposa, marido, herança). É que, quando a pessoa tem que trabalhar, ela nem faz essa pergunta. Entretanto, se essa é uma dúvida, preste atenção no que vou dizer, que pode parecer contraditório com o que eu disse antes sobre o tempo: *não fique com muito tempo de sobra*.

Calma, quando eu disse que o tempo é algo valioso, quis dizer que você não deve gastá-lo com inutilidades. Aliás, trabalhar não é uma atividade inútil; dignifica o homem e a mulher. E, quando falei que quem tem recursos compra tempo, era exatamente a respeito da possibilidade de só estudar, em vez de estudar e trabalhar. Evidentemente que isso você já sabe. Agora, talvez não tenha chegado ao seu conhecimento o fato comprovado de que algumas pessoas são mais eficazes e eficientes quando têm pouco tempo à disposição. É uma espécie de paradoxo, e perdão se não me aprofundo na psicologia do comportamento.

O que sei muito superficialmente, quase senso comum do YouTube, é que, quanto mais tempo você tem para fazer algo, maior a tendência para procrastinar. Por sua vez, a procrastinação, que é um hábito, se alimenta dela mesma, e com isso o indivíduo que procrastina tende a cada vez mais procrastinar, numa avalanche de inércia (outro paradoxo). Deixar tudo para a última hora é tão comum quanto um traço humano qualquer.

Por essa razão, algumas pessoas com pouco tempo sobrando costumam intuitivamente otimizar o aproveitamento da tarefa, agindo como se só tivessem aquele espaço temporal (o que de fato é verdade). Falo por experiência própria. Quando comecei a estudar, várias vezes deixava de lado atividades do escritório para dedicar o dia inteiro aos estudos. O resultado era resolver mil coisas inúteis antes de sentar na cadeira para ler o assunto e ao final fechar com quatro ou, no máximo, cinco horas diárias. De outro lado, quando passava o dia inteiro em audiências e atendendo a clientes, chegava em casa cansado, mas decidido a estudar... um pouco. Daí, confrontado com míseras duas horas até o momento de o cansaço bater (das 20 às 22 horas), estudava uma hora e meia, por incrível que pareça. Note: com oito horas à disposição, utilizava quatro ou cinco. Com duas, usufruía uma hora e meia.

Provavelmente você é assim e, se for, pese isso na hora de pensar em largar o emprego se ele não for tão necessário.

Agora, existe uma razão muito mais prática para a manutenção do emprego ou da atividade: a eterna reprovação. Temos (eu e você) que ter clareza, temos que ser sinceros, principalmente no que diz respeito ao futuro, que não pertence a ninguém. Tudo que fiz quando estudei, fora me matar de estudar, foi sonhar e sonhar com a aprovação. As coisas na sua vida não vão mudar para melhor até a aprovação. Não vão! Você vai continuar sendo a mesma pessoa, que mora no mesmo lugar, que ganha a vida da mesma forma.

Quando digo que nada muda, minto em algum grau da afirmação, porque, se muda, é certamente para pior. E a pior mudança para quem entra no mundo dos concursos é simplesmente acordar um dia e dizer "não dá mais", e desistir. Acontece, e muito. Eu quase desisti no meu último concurso. Na verdade, antes de receber a notícia de que estava na prova oral para o concurso de juiz federal no Rio de Janeiro, eu já tinha parado de estudar. E eu ainda trabalhava, nunca parei de trabalhar, de advogar. Claro que com o tempo a advocacia foi minguando, o que pode acontecer com você se for advogada ou advogado.

Então, quando toma uma decisão como a de largar o emprego para se arriscar num concurso, a pessoa tem que ter ciência da aposta que faz. É seu ganha-pão. Imagine um servidor público, um analista ou um técnico, que pede exoneração para só estudar, porque tem uma esposa (esposo) que também é servidor(a) e acha que vai sobrar mais tempo. Não gosto de ser pessimista, mas o que vai acontecer nessa família é a deterioração. A esposa ou o esposo que permaneceu no emprego, com o tempo e as reprovações do companheiro ou da companheira, vai começar a se perguntar qual a razão de ter que segurar a barra e qual a garantia de que o outro ou a outra vai passar. Isso porque os primeiros pensamentos nem são os de insegurança quanto ao casamento, como *Ah, se ele (ou ela) passar, vai me deixar*, mas sim quanto à própria inocorrência da aprovação, aguardada eternamente.

E mais, você vai começar a ser cobrado por quem está do seu lado: não para passar quanto antes, mas para estudar. O marido ou a esposa não concurseiro intuitivamente vai fiscalizar sua vida, tal qual seus pais faziam quando você era só um estudante de ensino médio. Não vai? Eu aposto com você que vai. É natural de qualquer um deixar escapar fiapos de egoísmo. E o pior é que quem não controla essa sensação começa a se achar mais importante que o outro, e nisso os julgamentos se elevam em grau e potência. O dia em que você não estudar (porque ninguém é de ferro) e resolver ficar de perna para cima, assistindo Netflix, vai ser o dia em que ele ou ela vai chegar em casa depois do trabalho e olhar para um(a) perdedor(a), fracassado(a), preguiçoso(a), que inventou essa história de estudar para sair do emprego e ser sustentado(a) por ele (ou ela). Isso vai passar pela cabeça da outra pessoa. Ah, vai. Talvez ela não manifeste o pensamento, talvez seja alguém de elevada consciência e prudência, que guarda bem para si as emoções e evita piorar a vida do outro. Mas isso não quer dizer que ela não vai sequer pensar. Vai. E, se você for igual a mim, vai ler pensamentos e vai sofrer, e ficar triste, e se arrepender do dia em que pediu demissão ou exoneração.

Contudo, a consequência maior ainda não é essa, mas a própria pressão das circunstâncias. Passar obrigado a passar é mais difícil. É preciso se aliviar da maior quantidade de pressão que naturalmente já existe e ir fazer a prova como se ela não fosse necessária. Tem que encarar com seriedade, claro, mas rir, gargalhar na cara da reprovação. "Pro raio que o parta se não passar!", você diz no portão do local de prova, e entra. O concurso é o vilão de filme de ação que não entende quando o protagonista, mesmo feito em pedaços, cospe o sangue, sorri com dentes tingidos de vermelho e ainda diz *"Is that the best you can do?"*. Mas geralmente só é possível agir assim quando sua vida não está despedaçada, inclusive financeiramente.

Algo parecido aconteceu comigo quando tive que ser sustentado por minha mãe, embora por um curto período, antes de ser aprovado no estágio. Fora essa ocasião, nunca passou pela minha cabeça deixar de advogar para só estudar, mesmo tendo uma reserva financeira, mesmo tendo o cofre. Daí que minha humilde sugestão é que você nunca faça isso. Não deixe o emprego, ou o cargo, ou um pequeno empreendimento que lhe garante o sustento digno, para estudar. Com exceção do empreendimento, pois essa atividade geralmente não permite o afastamento, o máximo que você pode fazer é pedir para fruir férias acumuladas, dias não compensados ou, na melhor da hipóteses, requerer uma licença sem remuneração do seu cargo público.

MÃOS NA MASSA

Como eu já disse, toda execução pode ser diferente do que foi planejado. E isso não significa que planejar é inútil, mas sim que aquele plano específico não deu certo. Mas – e isso você não pode perder de vista – se planejar proporciona alívio pelo simples fato de se ter uma estratégia. Ah, é verdade. Se não falei antes, aí está: nenhum meio de evitar mais pressão deve ser dispensado, e ter algo traçado fornece essa espécie de desencargo de consciência. Começar do nada, sem saber por onde começar, é a melhor forma de não começar.

A execução propriamente dita é a maior parte do processo, e vai acompanhar você do começo ao fim. Por isso, vamos falar de hábitos, os bons e os ruins.

Primeiro de tudo, é necessário se adiantar sobre algo muito ruim que vale a pena repetir: a excessiva presença das redes sociais em nossas vidas. Quando falei sobre tempo e a estratégia para ganhar minutos e horas preciosas, fiz questão de indicar que seu celular tem sido o maior vilão. Agora, além de reforçar, preciso dizer que qualquer execução envolve uma luta diária contra distrações. Como você verá a seguir, a execução é a parte mais importante e difícil do processo. É na hora de estudar que você vai perceber como pode ser complicado reunir na mente uma grande quantidade de informação. As redes sociais, é preciso tatuar, não trazem vantagens a esse processo. Nenhuma delas, uma vez que se propõem a manter o sujeito fazendo qualquer outra coisa que não seja estudar. Percebe?

Tome como exemplo o meu Instagram. Você o abre numa sexta-feira à tarde e vê um vídeo novo. Assiste dez minutos. Comenta. Muitas vezes revisa o comentário, porque não quer pagar mico com o português (a propósito, eu comento e leio muitos comentários e não estou nem aí para o meu ou o seu português). Posta o comentário e depois se arrepende. Apaga. Só curte o *post*. Pensa que talvez seja melhor me mandar uma mensagem no *direct*. Escreve, revisa, reescreve, revisa de novo e manda. Pensa: ele não vai ler. De repente, chega a notificação "Mensagem de @kleitonescritor", porque eu respondo, sim, principalmente se a mensagem chegar na hora em que estou on-line. E aí, enquanto você se agonia para mandar outra mensagem sem erros de português, erros de digitação etc., a minha está escrita assim: "kkkkkk que resenha da peste". Resumo da ópera: lá se foram 15 ou 20 minutos.

Esse é o mundo das redes, um local efêmero, sem agregador de valor, que lhe consome, suga seu tempo e, por tabela, sua vida. E olhe que me mostrei como exemplo, porque não quero ser hipócrita de criticar um objeto e fazer uso dele, numa nítida contradição. Eu alcanço pessoas por lá, e depois digo a elas a verdade: "Quer passar? Então saia daqui!".

Bom, se você pode, desative tudo. Absolutamente tudo antes de começar a execução.

PROBLEMAS MAIS RECORRENTES NA EXECUÇÃO

Não cultivar bons hábitos

Todo começo é penoso. Nós somos seres resistentes a mudanças, por isso a necessidade de criar um hábito. Essa pequena palavra tem um poder incrível. É o hábito que faz a gente pedir comida no mesmo lugar, assistir ao mesmo streaming, recorrer às mesmas lojas de roupas, ao mesmo banco, ao mesmo trajeto, quando uma simples mudança em qualquer dessas coisas não faria diferença nenhuma. O hábito alivia o risco, ou o medo dele, porque você já sabe como vai ser, já sabe que não haverá surpresas. Assim como é possível encontrar um melhor preço na loja de roupas, menos trânsito no trajeto ou mais sabor no restaurante novo, é provável que não seja nada disso. E, quando a incerteza é adicionada às variáveis, tendemos a evitar a frustração e ficar com o hábito.

Isso não funciona da mesma forma para os estudos, até porque a maioria não tem o hábito de estudar. E não o ter significa dificuldade para realizar essa tarefa da forma correta. É apenas devido a uma nova e deliberada configuração de nosso comportamento que o hábito de estudar acaba sendo absorvido junto com outros. Ou seja, usamos a reiterada prática (perdão pela redundância, mas tem que ser assim) para incluir o estudo no conjunto dos nossos afazeres diários. Digo por mim: havia dias em que não estudava, e me sentia mal, como se estivesse faltando alguma coisa.

Seguimos uma série de padrões enquanto nos comportamos. Algum psicólogo pesquisador cujo nome não lembro disse que a razão para esses padrões é nossa busca inconsciente pela redução de estresse em face de decisões que somos obrigados a tomar diariamente. Já percebeu como é chato ficar indeciso? Dá uma canseira danada pensar no que é o melhor a fazer quando se têm várias opções. Se não fosse preciso escolher era melhor, e o hábito amortece a pressão, alivia a tensão.

Por causa desse aparato psicológico, ao criar o hábito de estudar incorporamos à repetição a atividade diária de ler, resolver questões, revisar e outras formas de estudo, com o mais importante: isso tudo sem nos cansarmos. Eu particularmente cultivei o hábito de acordar cedo, entre 5 e 6 horas da manhã, e estudar até as 8 horas. Era algo que me ajudava com outro problema: o sono. Também estudava à noite, quando chegava da academia. Estudava à tarde, quando não havia audiências e dava tempo de fazer tudo no escritório pela manhã. Estudava nos finais de semana, sábados e domingos, geralmente só na parte da manhã nesses dois dias. Estudava em feriados, inclusive Natal e Ano-Novo. Estudava viajando, ouvindo apenas o áudio em MP3 das videoaulas. Estudava em filas, em salas de espera, no aeroporto, no avião, no ônibus. Em todas essas ocasiões, começar a estudar era uma atitude impulsionada pelo hábito. Eu não reclamava me perguntando: "Poxa, sentei aqui nessa cadeira do portal de embarque no Aeroporto Zumbi dos Palmares, e agora vou ter que estudar?". Não, simplesmente abria o livro e lia.

E como criar o hábito e cultivá-lo?

Não conheço nenhuma outra forma a não ser "na tora", como a gente diz por aqui. Em outras palavras: cria-se fazendo e repetindo, ultrapassando a barreira imaginária dos 21 dias (alguém disse isso, mas não lembro quem foi). Eu até acho que 21 dias não são suficientes. Muitos hábitos exigem meses, alguns poucos, anos. Estudar em feriados importantes só se faz de ano em ano, e você terá que fazer.

Então, meu amigo, minha amiga, apenas comece, dê a partida. Ao fim do primeiro dia é provável que você se sinta meio perdido, desorientado. No segundo e no terceiro, com certeza você dirá "Isso não é para mim"; no quarto, no quinto e assim por diante, a vida vai lhe dar muitos socos, chutes, tapas, mas não pare, não pare. Um dia desses à frente algo vai lhe impedir de estudar, porque nem todos os dias são lívidos, e nesse dia o oco e a frustração por não ter lido nada vão abater você, e então o hábito existirá!

Sono

Eu tinha um grave problema com o sono. Hoje eu sei que ler, assim como assistir, é uma atividade realizada com parte do sistema nervoso desativada. A simples leitura passiva (só ler) reduz a atividade neural e permite que nosso cérebro receba informações do tipo "Meu querido, minha querida, durma", e a pessoa dorme, ou pelo menos começa a bater cabeça.

Mais uma vez quero deixar claro que meu estudo é pouco no que diz respeito à neurociência. Estou apenas relatando a experiência própria: até hoje, quando leio um romance chato, ou deitado, ou depois do almoço, ou em condições ótimas para uma soneca, eu sinto sono, e durmo. Acontecia antes e acontece agora. Mas, diferentemente de um romance, em que se perde apenas enredo e ao qual se pode voltar depois, o estudo para a aprendizagem não pode permitir esses lapsos de cognição.

Veja bem e com muita atenção!

Antes de começar a bater cabeça (como se assistisse a uma aula chata), antes de suas pálpebras começarem a pesar, antes de você bocejar, antes disso tudo o seu cérebro já não captará mais informações. Daí por que o problema do sono é algo que deve ser encarado como um inimigo silencioso. Você estuda, mas não estuda. Acha que completa aqueles quinze minutos antes de perceber que não consegue ler um parágrafo sem fechar os olhos. Ok, mas quais as soluções?

O ideal é sempre estudar sem nenhum resquício de cansaço e sono. Acontece que nem sempre é possível, e às vezes você tem que insistir. Então insista da melhor forma: lutando contra o sono com armas adequadas. Contudo, é bom deixar claro que o que vou dizer funcionou para mim. Obviamente não funciona para todos, em que pese seja bom tentar.

O primeiro método, que desaconselho se não for com acompanhamento médico, é o uso de remédios, tais como Ritalina. Eu me entupi de Ritalina no início da minha preparação.

Diferentemente do que sugeriam, não utilizei o remédio para ficar mais inteligente. E, venhamos e convenhamos, não existe isso de ficar mais inteligente. A verdade é que a substância produz uma espécie de euforia, pelo menos em mim produzia, que faz com que a pessoa aumente a capacidade de atenção. Esse aumento de atenção reduz a influência do sono. Algo semelhante acontece quando estamos dormindo num pedaço de um filme e, na hora da ação, ou do suspense, o sono passa. No meu caso a Ritalina me deixava eufórico, e, como já disse que nunca provei substâncias ilícitas, acho (só acho) que a sensação deveria ser semelhante ao uso da cocaína. Aliás, a Ritalina tem uma substância derivada das anfetaminas, que tem princípios ativos vinculados à cocaína e à metanfetamina. Corrija-me se eu estiver errado.

Nada obstante isso tudo, se você é uma pessoa com transtorno do déficit de atenção com hiperatividade (TDAH) e usa o remédio, está no seu direito. Mas, sem ter um problema devidamente diagnosticado, o uso indiscriminado é prejudicial à saúde e, em vez de ajudá-lo no concurso, vai prejudicar, como aconteceu comigo. Após dois anos de estudo e muitas reprovações, pensei em usar novamente, e o que ocorreu não foi muito bom, pois o remédio potencializou os efeitos colaterais das reprovações. Então tive depressão, sem contar com a ansiedade, que gerava crises de pânico, para finalmente ter pensamentos suicidas. É muito sério.

Se a Ritalina é prejudicial, o café está liberado, e seu uso é uma boa saída para afastar o sono. Entretanto, depois que seu corpo se acostuma, o efeito vai diminuindo. Eu cheguei a tomar café e cochilar depois como se tivesse bebido chá de maracujá. Sério mesmo! Então inventei uma coisa muito doida, que, se você tem o problema do sono e essa estratégia lhe servir, já terá valido comprar o livro. A única atividade física que nunca deixei de fazer é a musculação. Por causa disso, sempre tive pré-treino (um shake com alguns suplementos), a maioria à base de cafeína. Daí, quando eu estava cansado, tomava dois comprimidos de cafeína, algo em torno de 200 miligramas, colocava um timer de quinze minutos como despertador e me deitava. ATENÇÃO: cuidado com a cafeína; a partir de um grama a dose pode ser fatal. Bem, ao me deitar e pegar levemente no sono, eu conseguia dormir entre dez e doze minutos. Algumas vezes até sonhava. Quando o despertador tocava, eu já acordava com o efeito da cafeína no meu corpo e meu cérebro, e aí ia direto para o estudo. Depois que comecei a fazer isso, o sono não era mais um problema. Faça o mesmo; compre uma cafeína ou pré-treino e use com cuidado.

Outra solução para o sono é estudar em pé, o que eu fiz muitas vezes. Evidentemente que fazia por poucos minutos, só para completar o tempo de estudo diário. Lavar o rosto várias vezes ajuda. Algo que também ajuda muito é mudar de tema com frequência, ou passar de leitura para questões. Aliás, a atividade ativa (ler é passiva) é menos suscetível ao sono. Assim, é muito importante usar as estratégias só quando necessário. Se o momento é de simular responder questões, evite o café ou estimulantes, porque é provável que a própria atividade o mantenha atento e de certa forma imune ao sono.

Por fim, o pouco tempo que se utiliza para estudar é precioso demais para bater cabeça. Resolva bem o problema do sono e vá estudar com 90%, no mínimo, de energia.

Casais infelizes

A execução do plano exige também um acordo entre casais. Sei que já falei, mas vou correr o risco de ser repetitivo. O ajuste que o casal faz quando da decisão nem se compara com o que pode ocorrer durante a execução do plano. É simples: a gente concorda com aquilo que acha que sabe, e, quando a realidade se descortina, o "sim" do passado começa a se tornar um "talvez" e quem sabe um "não, eu não quis isso". Lógico, quem vai para a guerra é você, não seu esposo ou sua esposa. Eles ficam de fora, assistindo sua vida passar como um filme. E é um filme enfadonho, que se repete com derrota por cima de derrota. No começo a pessoa vai assistir, torcer, chorar junto. Mas depois vira algo normal, cotidiano, absorvido pela teoria dos pequenos retornos.

Sei explicar essa teoria com um exemplo, que utilizamos em roteiros de filmes e livros. Jack é concurseiro. Ele perde a mãe no dia anterior ao da prova e, por isso, não consegue passar. Você está assistindo e sente toda a horribilidade da situação de Jack, sofre com ele, que não desiste. Ele continua estudando e na véspera da segunda prova perde o pai, fato que o faz ir mal no concurso. Você diz "Putz, que azar!", e entristece, embora comece a achar improvável que isso só aconteça em vésperas de prova. Vem o terceiro concurso, e Jack perde a esposa no domingo da prova. "Ah, não, isso não existe! Sério?" Você salta da cadeira, com raiva não da situação, mas de quem a inventou. Bem, em um casal acontece algo semelhante quando o outro assiste a suas reprovações sucessivas vezes. Na primeira vez há uma comiseração, choro conjunto, palavras de carinho e assim por diante. Na segunda, não tem palavras de carinho. Na terceira, nem uma lágrima cai, a não ser dos seus olhos. Na quarta, na quinta e sexta, e por aí vai, tudo que você vai conseguir é um "Mas já vai voltar a estudar amanhã de novo?".

É a vida, são as pessoas, e você tem que lidar com isso. Quanto mais você reprova, mais complicado fica, porque quem quer que esteja do seu lado tende a ficar mais insensível ao seu luto de reprovação. Essa insensibilidade, quando agravada, transforma-se em impaciência, e é aí que começam as brigas.

"Kleiton, isso pode acontecer comigo. O que fazer?"

Talvez você se aborreça de receber um conselho desses de alguém que no passado não foi um bom marido. Ainda assim, vou apostar: mergulhe sua vida amorosa numa sopa de crenças e valores. Procure, com sua esposa ou seu esposo, frequentar uma igreja onde casais com outros conflitos são bem acolhidos, e escape dos principais problemas que podem causar um divórcio. As causas mais frequentes são: comunicação inadequada, traição, falta de respeito, falta de intimidade, infidelidade financeira, diferenças entre expectativas e presença de vícios.

Vamos ver cada uma delas, e refletir sobre soluções para provavelmente evitar que se precipitem. Se você for solteiro e não pretende se relacionar com ninguém, pule esta parte.

Comunicação inadequada

"Agora eu vi. O mestre dos divórcios (três ao todo) vai me dar conselhos sobre casamento?"

Vou, e acho que os meus fracassos pelo menos me dão uma noção de que errei bastante, e você pode aprender comigo. Portanto, leia.

Somos seres altamente comunicativos, sendo a troca de falas o coração de qualquer relação. Quando há falhas graves nesse ato, tanto na forma quanto no conteúdo, a relação tende a deteriorar-se. Voltando para o casal em que um dos dois é concurseiro, a comunicação é essencial, pois a vida de quem estuda é muito solitária. Por isso, se você não está estudando, ou seja, se não está no seu momento de concentração, aproveite ao máximo trocar palavras com sua esposa ou seu esposo. Evite o celular no almoço, na janta, no café. Ao saírem juntos, não puxe o celular enquanto esperam a comida vir. Virou um problema crônico o casal chegar ao restaurante, sentar e fazer o pedido para logo em seguida abrir a rede social enquanto aguarda o prato. Ficam ambos, um de frente para o outro, com o rosto iluminado pela tela do celular, no silêncio de um túmulo. Eu mesmo faço isso às vezes, apesar de me esforçar para evitar.

Invente assuntos. Use esse tempo para fofocar dos outros, falar mal só um pouquinho de alguém de quem vocês não gostam. Ter inimigos em comum é uma ótima liga para unir pessoas, e não há nada de mais em espetar agulhas num vodu de seu concunhado ou concunhada. O chefe chato também é um excelente alvo. O juiz ou a juíza daquele processo que não anda, o melhor de todos. Apenas tenha cuidado para não exagerar, pois o almoço pode se tornar um Reclame Aqui, e isso é horrível. No mais, nunca perca a oportunidade de abrir a boca para quem está do seu lado. Para alguns, isso não é um problema. Mas, se você já é uma pessoa calada, introspectiva, cuidado, concurseiro/concurseira, seu casamento pode estar em perigo.

Traição

Bom, aqui não tem muito que falar. Eu já adiantei lá atrás algo sobre o Inimigo e como ele age para separar casais.

Acredito que a traição seja apenas o ato final do conjunto de problemas de uma relação. Nenhuma traição acontece "do nada", é um processo, como dizem que é uma queda de avião. O mais importante é se prevenir e cuidar dos problemas que geram insatisfação, indiferença, falta de compromisso e finalmente infidelidade.

Falta de respeito

Respeito é bom porque é uma das formas de tolerar as escolhas do outro. Você respeita a pessoa que está ao seu lado observando o que ela te pediu. As solicitações razoáveis são atendidas, e cada um cumpre a sua obrigação na divisão de responsabilidades. Outro aspecto negativo da falta de respeito é a constante agressividade de um dos lados na condução dos problemas do casal.

Sei disso porque em um dos meus relacionamentos, o segundo, eu ultrapassei todos os limites além dos quais não há mais respeito. Nessa época eu iniciava a vida para concursos, meu segundo filho era pequeno e a vida era difícil. Os problemas, a maioria financeiros, jogavam minha paciência lá para baixo, e vezes sem conta estourei. Não posso esconder o passado quando ando nu para lá e para cá neste livro. A verdade é que eu já fui um ogro, grosso, bruto, idiota, imbecil, que xingava e gritava. Como é possível? Sendo, e é por isso que gosto tanto do Riobaldo, quando diz em *Grande Sertão: Veredas*,

O mais importante e bonito, do mundo, é isto: que as pessoas não estão sempre iguais, ainda não foram terminadas – mas que elas vão sempre mudando.

Afinam ou desafinam, verdade maior. É o que a vida me ensinou. Isso que me alegra montão.

Me alegra de montão também ter mudado. Olhando em retrospectiva, sei que muitos podem mudar. Talvez seja a pessoa do lado que contribui em alguma medida, mas não quero colocar a culpa na vítima. Se vai mudar para melhor, isso quer dizer que o traste é você. No meu caso, eu era o culpado pela falta de respeito, e isso levou ao fim do casamento.

E qual a solução para cultivar o respeito entre as partes? Basicamente é algo muito inerente à compatibilidade de gênios do casal, cuja falta é outra causa de divórcio. Falta de paciência também é geradora de falta de respeito. Controle emocional é essencial para controlar uma eventual língua afiada. Por fim, resolver outros problemas periféricos, igualmente, pode ser a chave para que o respeito seja mantido.

Falta de intimidade

O casal transa. Impactante essa frase, não é? O casal faz amor, o casal namora, o casal copula, o casal cruza, o casal... Espero que você não tenha jogado o livro no lixo. O que quis eu com a repetição de pequenas expressões para retratar a relação sexual de um casal? Mostrar a você que a palavra tem poder, e a palavra "sexo", com tudo o que representa, essa é que tem poder. Não se engane, sexo é um dos motores universais da humanidade e sua perpetuação até que o apocalipse ocorra.

Eu, agora, vou conversar com você como se estivesse num botequim. Veja só: qual a finalidade do sexo? Reprodução, diria você de primeira. Com certeza, diria eu de cá, a finalidade do sexo é a reprodução, assim como é para todos os animais. Mas nós, seres humanos, não ficamos no cio. Embora alguns se assemelhem a cães, o sistema reprodutor humano, associado à produção hormonal normal, não cria nas pessoas uma incontrolável vontade de montar uns nos outros. Isso só acontece com outros seres, pois, como diriam os Mamonas Assassinas, "no mundo animal, ixéste muita putaria". Então, eu acho que existe um mecanismo psicológico associado aos desejos sexuais que é capaz de levar as pessoas a ações tão irracionais quanto se estivessem tendo relações sexuais no meio da rua a céu aberto. Em outras palavras: os desejos sexuais fazem parte da natureza primitiva do homem e da mulher, que, domesticados, tentam (anote), só tentam, ser racionais. Não somos 100% racionais em comparação aos animais irracionais.

Mas por que eu entrei nessa discussão?

Só para dizer que pessoas adultas com produção hormonal normal precisam ter relações sexuais para manter o equilíbrio emocional, e isso inclui casais em idade de reprodução. Você deve estar rindo aí, eu sei. Mas é o que eu acho, e, já que estou escrevendo no tópico sobre casais, não posso deixar de mencionar que a falta de intimidade é o primeiro passo para o fracasso da relação. E não quero dizer que o casal deve ser daqueles que fazem ménage, liberais, que transam todos os dias, que completaram as posições do Kama Sutra, não. Bom, é lógico que há pessoas tímidas, retraídas, fechadas, e isso é normal. Mas, se você é assim, é casado ou casada, quer fazer concurso, pense no que vou dizer: não dê brecha para o Inimigo. Ele vai se apoiar na brecha aberta pela falta de intimidade do seu casamento e arriscar fazer você perder tudo, não só o concurso mas o tempo de estudo, e a família.

O que fazer?

Conversar, em primeiro lugar. Reconhecer que vocês precisam ser íntimos, que precisam explorar a curiosidade, que precisam explorar novos horizontes e, acima de tudo, evitar a monotonia e a repetição, inclusive não abusando do sexo. Oxe, como assim? É para transar ou não? É, sim, mas o problema oposto à falta de intimidade é a intimidade em excesso, que gera alta frequência da rotina de relações sexuais. Um estudo feito nos Estados Unidos em 2017 (coloque aí no Google) diz que os casais americanos estão tendo menos relações sexuais com o passar das décadas. Muitos fatores foram levados em consideração, e eu destaco a rotina. A rotina é mortal para o casal, mesmo que não tenha problemas de intimidade. Então você deve evitar cair na estagnação sexual, e aqui eu não vou dizer como fazer isso. Lógico que a única coisa que posso dizer é que, se quer evitar a rotina, então não exagere.

Só para finalizar, eu tenho um amigo que de vez em quando me chama de "transão". Aqueles apelidos secretos que têm uma história por trás. Tudo começou quando ele me contou a história de um casamento que teve, e que acabou, em boa parte, por causa de excesso de sexo. Eis a conversa que tivemos:

— Bicho, aí eu percebi que ela já nem procurava mais, sabe? — ele disse.

— Sei. Mas por quê? — perguntei.

— Sei lá. Quer dizer, hoje eu sei, mas na época eu não sabia. Um dia cheguei pra ela e disse "Você não sente saudade?", e ela respondeu "Como, se você não deixa?".

— Mermão, e como é que era?

— Rapaz, eu acordava e a gente transava. Aí eu ia trabalhar. Voltava pro almoço, comia, tomava banho e transava. À noite transava até duas vezes, quando chegava e antes de dormir.

— Véi, na moral, você é um transão!

Infidelidade financeira

A união de esforços é a base do princípio cooperativo. Desde os primórdios, passando agora pelas mais sofisticadas formas de sociedade, quando ao menos duas pessoas se unem, cada qual com sua contribuição, seja de qual for a espécie, a intenção é atingir um objetivo mais facilmente, ou ganhar em larga escala. Nos casamentos e nas uniões estáveis dos tempos atuais, a configuração de direitos e deveres pode contar também com objetivos financeiros.

Antes só o marido trabalhava, e a função da esposa era cuidar dos filhos e da casa. Hoje esse modelo já não se sustenta, e a evolução civilizatória deu à mulher o status de sócia na empresa que é a família. Afinal de contas, há casais que têm como plano uma poupança que não dependa da previdência pública. Assim, a família passa a ser fonte de contribuição com capital e renda.

Por causa do novo modelo familiar, muitos casamentos e uniões atuais estão acabando. Se sociedades empresárias passam por dificuldades, pedem recuperação judicial, vão à falência, encerram as atividades etc., o que dizer da sociedade de um casal em que há um descontrole financeiro a ponto de uma das partes sofrer uma violência patrimonial?

Por isso, o cuidado com esse aspecto na hora de executar o plano de estudos. Aliás, o aspecto financeiro, como eu já disse, vem antes, ainda na preparação. O plano é que tem que seguir à risca as diretrizes estabelecidas.

Muitas vezes um dos dois continua trabalhando enquanto o outro passa só a estudar. É geralmente nessa hipótese que a redução do orçamento familiar causa uma óbvia e natural restrição dos bens e serviços à disposição do casal. Então, se há uma queda na arrecadação, haverá necessariamente (aliás, quase sempre) uma queda também em gastos e despesas. Ocorre que o problema é descumprir o combinado, a depender de quem tenha a chave do cofre, ou a senha do cartão. Infidelidade financeira é, em outras palavras, gastar, ou não, violando o prévio acordo.

No meu caso, era apenas eu quem sempre trabalhava, e por isso controlava o orçamento enquanto estudava. A outra parte fazia as demandas, e eu, de acordo com o que havíamos conversado, cumpria ou não. A moeda aqui tem dois lados. Às vezes um dos dois é o mão de vaca e submete o outro ou outra a um sofrimento desnecessário. Às vezes o outro ou outra é pródigo e causa sofrimento pelo excesso de gastos e pelo endividamento do casal. Num ou noutro caso, a infidelidade financeira pode levar ao descontentamento, que por sua vez leva à dissolução etc. e tal.

Mesmo com meus incontáveis defeitos, nunca me furtei às obrigações matrimoniais pecuniárias. Tanto é que, em todos os casamentos, cedi mais que mantive na partilha de bens. Aliás, no último, quando me separei durante a preparação para a prova oral, precisei vender o carro (o Jetta preto) para pagar os custos do divórcio, da viagem para fazer a prova e os cursinhos de oratória. Como já disse, se perdesse, ainda voltaria liso.

A solução para evitar a bancarrota ou a usura do parceiro/parceira é conversar. Pôr as cartas na mesa, contrair empréstimos morais, do tipo "Eu assino uma promissora e devolvo quando passar". Ora, por que não? Além disso, se você for como eu, que sofre tanto com o fato de ter que dar trabalho a alguém, talvez se obrigar por um título de crédito (cheque ou promissória) possa ser um bom amortecedor de consciência. Assim, cada centavo usado será devolvido, assegurando o equilíbrio no momento em que a dívida for quitada.

Se sua situação é a mais complicada dos cenários — trabalha, estuda e mantém o núcleo familiar (como eu) —, saiba que as discussões serão inevitáveis. Às vezes o desemprego involuntário do marido ou da esposa pode jogar a concurseira ou o concurseiro nesse cenário, e a única saída mentalmente sã é se esforçar muito para continuar.

Diferença entre expectativas

Expectativas são projeções de um futuro sonhado quando se põem ações em prática. Você faz por onde e espera. Todo casal tem expectativas e elas nem sempre são iguais, o que é muito natural. O problema é a diferença absurda entre as de cada um, e a escolha para entrar no mundo dos concursos pode ser crucial para abrir essa fenda. Veja bem, repito que a questão envolve mais a decisão e o planejamento que propriamente a execução. Mas é bom que fique claro que, como outras coisas, as expectativas podem mudar. Então, na execução, um ou outro pode parar e pensar: *o que estou fazendo? Não é isso que eu quero para a minha vida.* E, a partir de reflexões desse tipo, as expectativas podem acabar se distanciando muito.

Tem uma coisa que não falei ainda, e acho que é um bom momento. A depender do cargo que você quer (expectativa), é preciso fazer uma mudança em sua vida. Olhe bem, preste atenção máxima: não é o hoje que vai definir se você vai ser promotor ou promotora, juiz ou juíza. É o amanhã, e o depois de amanhã, e o depois e depois desses dias. O que vai definir a realização de sua expectativa é a quantidade de esforço investido nas ações e a extensão da mudança de padrão de vida, de comportamento. Quanto mais difícil o concurso, mais drástica a mudança. Por isso deixei para alertar aqui, pois, se você tem um sonho de ser juiz/juíza e nunca disse ao noivo/noiva antes de subir no altar ou de assinar o livro de registro civil no cartório, *diga agora!* Feche o livro, corra para onde ela ou ele está e fale: "*(apelido carinhoso), quero ser juiz/juíza!*". Criar essa expectativa no outro ou na outra quanto antes vai evitar que a diferença entre realidades atrapalhe ainda mais.

E se você sempre disse que era esse seu sonho, bom, aí é relativamente fácil. A pessoa que está com você não vai se surpreender, e o resto é administrar conflitos.

Presença de vícios

Vícios são vícios. Hábitos ruins, já que falamos sobre hábitos lá atrás. Ter vícios pode atrapalhar não só um casamento ou uma união estável, mas a vida da pessoa que escolheu viver sozinha. Entretanto, os vícios mostram sua força máxima no seio de famílias e têm a capacidade de arruinar a vida em comum das pessoas. Pense na bebida, no cigarro, em drogas proibidas e até mesmo nas permitidas, como o uso indiscriminado de remédios. E o vício em jogos, que igualmente destrói a poupança e o patrimônio de quem aposta.

Aliás, o momento atual é de bastante atenção a um problema silencioso que vem se camuflando muito bem: jogos e sites de apostas eletrônicas. Os cassinos eletrônicos estão aí para fazer o que os cassinos em Las Vegas fazem com as pessoas nos Estados Unidos.

Bom, eu já tive meus vícios. Já fui viciado em videogame, em jogar bola, em Magic The Gathering, em RPG de mesa, em celular, em política (coisa de maluco ficar discutindo isso por horas) e outras coisas que não lembro. O vício é o hábito que, em exagero, causa mal em vários aspectos: financeiro, profissional, saúde mental ou física, enfim.

É muito raro um casal em que nenhum dos dois tenha seus vícios. Mencionei lá atrás que o vício em sexo é algo que pode atrapalhar a vida em comum, mas qualquer outro vício pode ser causa do fim da união. Além de poder encerrar a existência da família, o vício atrapalha na preparação do concurso, tanto para quem está estudando quanto para quem não está. Obviamente que o concurseiro viciado em algo precisa, antes de qualquer coisa, se livrar desse problema. Seu único vício deve ser estudar, somente isso e nada mais. Estudar é o único hábito que, mesmo abusando dele, vai trazer a você mais benefícios que malefícios.

Geralmente quem tem um vício não o admite, e esse também é um problema. Se o vício é seu, e é você que se prepara para uma prova, reconheça e trate, ou continue fazendo de conta que ele não existe e nunca vai passar. Se o vício é da companheira ou do companheiro que não estuda, converse. Lembre-se de que não é apenas uma questão que envolve o concurso, mas o casal e a saúde familiar. Nos casos mais graves, como vícios em drogas e bebidas alcoólicas, convença o outro ou a outra a procurar ajuda externa, ajuda de quem entende e estudou para solucionar.

AS TÉCNICAS

Existem muitos livros que ensinam técnicas para uma aprendizagem melhor. Livros, inclusive, essenciais para quem quer passar no concurso. É fácil procurá-los. Confesso que não vou escrever aqui um manual de estudos, mas apenas dizer o que serviu para mim. Logicamente que talvez não sirva para você. Então preste atenção e perceba se alguma dessas técnicas lhe está sendo inútil. E como saber?

O melhor termômetro para o concurseiro/concurseira é a quantidade de questões objetivas que ele ou ela acerta nas simulações. Simular é imitar, óbvio. Mas numa prova de verdade nem sempre as condições serão as mesmas. Muito pelo contrário: lá, no domingo, vai ser muito pior. Você vai ver gente demais, e isso naturalmente causa abalo. Vai ver pessoas estudando no portão e nas escadas, vai ouvir alguém comentando sobre assuntos que nem sequer leu, vai ter dor de barriga, sede, fome, sono, ansiedade, agonia; o escambau acontece no dia de prova. Por isso use também como termômetro quanto você está indo bem na primeira fase, a objetiva, de questões de múltipla escolha ou de certo ou errado.

Quanto à segunda fase e às provas subjetivas, o melhor que pode fazer é contratar um cursinho com professores que possam avaliar seu desempenho. Isso também serve para a prova oral. Aliás, para a última fase, o curso é indispensável. Você até pode, se seus recursos não forem suficientes, tentar passar pelas provas discursivas estudando com colegas. Deu muito certo para mim em algum momento. Nós nos reuníamos e respondíamos a questões de concursos passados, para depois outro grupo de colegas corrigir. Tanto quem corrige quanto quem responde acaba aprendendo, e isso é o que importa. Num ou noutro caso, saber como está se saindo lhe permite ajustar o que melhorar, inclusive quais matérias estudar mais.

Lembre-se: boa parte da execução do seu plano vai ser composta por muita repetição, muita tentativa e erro, muita canelada e muita reprovação. Só há um jeito de evitar tudo isso: nunca começar.

Um músculo no seu crânio

Toda técnica é importante, mas nenhuma é verdadeiramente eficaz se você não exercitar o cérebro. Eu já pensei, no passado, que isso de trabalhar a mente era coisa para vender livro de autoajuda. Devo ser honesto porque talvez você também pense a mesma coisa: aqui estou vendendo autoajuda. Mas, se serve de argumento para uma mente aberta como a minha, atente ao seguinte: hoje não há dúvida de que o cérebro, funcionando como um sistema adaptável, se programa para atender às suas necessidades. Ou seja, se pelos próximos dez anos sua única "diversão" digital for ver vídeos curtos nos intervalos do almoço, pode esperar seu cachorro saber mais operações matemáticas que você. É sério! Há uma "doença" silenciosa se espalhando, e poucos percebem: a falta de criatividade em razão da preguiça mental, grande parte causada pelas facilidades da inteligência artificial.

Vi uma matéria que diz que gurus do Vale do Silício estão pagando caro para educar os filhos em escolas que não têm computadores e aparelhos. A ideia é evitar que as crianças cresçam viciadas em tecnologia e acabem comprometendo o desenvolvimento cognitivo. Então, se há mesmo uma acomodação mental de nosso cérebro, algo capaz de reduzir nosso intelecto, é provável que o contrário – o esforço cognitivo – gere o efeito inverso, tornando-nos mais "inteligentes".

E ser inteligente é o que você precisa para executar o plano de estudos. Por isso não sonegue o que vou dizer: existem, sim, o *mindset* fixo e o *mindset* de crescimento, duas formas de mente que podem ser o divisor de águas entre duas pessoas e causa da aprovação de uma e reprovação da outra. Segundo o conhecimento comum, pessoas de *mindset* fixo (também chamadas de "mentes fechadas") acreditam que as capacidades cognitivas são imutáveis, genéticas, herdadas dos pais. Já as outras, as de *mindset* de crescimento, investem no desenvolvimento de habilidades através do estudo, do esforço, da reiterada repetição da tentativa e erro, isto é, reconhecem que não são "boas" mas se empenham para se tornarem, ou melhorar aquilo que o outro grupo chama de "dom".

Não vou repetir aqui o que descrevem os muitos livros sobre o tema. Digo apenas uma coisa: entenda que o processo para acumular conhecimento e passar no concurso implica desenvolver seu intelecto o máximo que você puder. Quem é nerd vai entender: torne-se um mutante *mastermind*. Aliás, Lex Luthor não tem nenhum poder sobrenatural e, no entanto, é o arqui-inimigo do Superman.

E como se tornar uma pessoa com um bom desenvolvimento cognitivo, capaz de decorar e reter informações por mais tempo que a média? Treinando. Não tem outro jeito. Ninguém nasce gênio. São necessários aproximadamente dez anos para se tornar excepcional em determinada coisa. Que o digam os atletas medalhistas, que raramente ganham na primeira olimpíada. Por isso é preciso treinar a mente, incluir hábitos que estimulem os vários pontos do cérebro, tais como os responsáveis pela arte, pintura, música, escrita, pela linguagem, pelos idiomas.

"Ah, Kleiton, agora eu também vou ter que arrumar tempo para aprender a tocar guitarra? Pode ser um pandeiro?" Não, não precisa enveredar pela música, ou pela pintura, nem aprender outra língua. Mas, se você quer atingir o máximo, essas coisas devem ser incluídas. Contudo, vamos aos poucos, e tão aos poucos que falarei para dois públicos: aquele representado por pessoas que já começaram a estudar e o dos que nunca estudaram ou estão há muito tempo longe dos livros.

O(a) Zerado(a)

Oi, Zerado(a), não se incomode com o apelido; eu também já fui zerado como você. Eu era tão zerado que fui reprovado em Português na faculdade, no primeiro período. Português Forense! Sem contar que na escola ficava sempre de recuperação. Se alguma professora minha de Português ler este livro, ela vai sorrir agora mesmo! Então não se desespere, porque eu estive onde você está, e olhe o que aconteceu: passei para juiz federal. Além disso, sou escritor. E, se você chegou aqui e não reclamou da minha capacidade de escrever, talvez nem imaginasse que eu errava "demais".

Bom, creio que a última vez que você estudou foi no terceiro ano, ou no último ano do curso de graduação, correto? Se eu acertei, comece criando um hábito diário de leitura. Coisas leves, nada denso. Eu errei em tentar começar a estudar para o TRT19 lendo Arnaldo Süssekind, um jurista que fez a CLT na época do Getúlio Vargas. Vê só a loucura. Era horrível entender o que ele queria dizer num livro de Direito do Trabalho que tinha mais de 500 páginas. Por isso, fuja dessas leituras dogmáticas, tais como Nelson Hungria e Pontes de Miranda. Esses juristas escreveram excelentes livros, mas para quem já tem a mente mutante.

Daí que o certo é ler bons romances leves (eu escrevi uns, e ainda são jurídicos). Leia mais notícias (não sobre política) jurídicas, como o que os tribunais estão decidindo e por que estão julgando tal e tal caso. Notícias sobre questões globais, como guerras e conflitos armados, podem ajudar você a se familiarizar com assuntos de Geografia, História e Direito Internacional, disciplina cobrada em quase todo concurso público para nível superior. Depois, aguce outros sentidos e ouça: audiolivros (eu também narrei audiolivros que eu mesmo escrevi), podcasts sobre direito e justiça. Estude História, lendo, ouvindo ou assistindo a documentários. Torne-se uma pessoa culta na acepção da palavra: pessoa que cultiva a aprendizagem. Todo conteúdo fácil, interessante e útil é bem-vindo.

Mutante nível 1

Aqui estão os que já estudam para concurso há pelo menos um ano e com certa regularidade. Se é o seu caso, acredito que, pela quantidade de questões e leitura que você fez, sua capacidade cognitiva está um pouco acima da média das pessoas que não fazem nada. Todavia, seus concorrentes são *X-Men* e não vão ter pena de "destruir" a prova, gabaritando matérias inteiras. É por isso que subir na cadeia alimentar dos concursos exige técnicas de aprimoramento da capacidade cognitiva.

A primeira sugestão, e mais fácil, é incluir atividades de raciocínio lógico nas suas tarefas. Palavras cruzadas, caça-palavras, jogos de inteligência grátis e disponíveis na internet. Assistir ao seriado *Dark* na Netflix. Até o cubo mágico ajuda.

Nesse meio-tempo, você vai usar uma estratégia que me ajudou bastante e já compensou o dinheiro que pagou por este livro. Existem sites em que se pode criar caça-palavras e palavras cruzadas. É simples: você faz uma pergunta numa coluna e põe a resposta (de uma ou duas palavras) noutra coluna. Aí o próprio site cria o bloco de palavras cruzadas, ou de caça-palavras.

Exemplo:

Direito Processual

As palavras deste caça-palavras estão escondidas na horizontal, vertical e diagonal, sem palavras ao contrário.

H	L	T	L	F	R	T	N	C	F	I	E
R	A	A	H	R	E	E	O	O	M	M	N
D	E	C	A	D	Ê	N	C	I	A	P	O
N	L	V	B	A	U	N	H	S	W	E	C
E	I	W	E	E	C	N	S	A	E	D	V
A	L	M	A	L	N	K	L	J	I	I	Y
E	O	A	S	N	I	T	N	U	P	M	J
C	I	O	D	U	M	A	O	L	D	E	I
A	E	T	A	A	R	Y	S	G	T	N	X
N	E	R	T	W	T	E	N	A	I	T	T
E	T	C	A	I	I	H	D	D	W	O	D
A	S	S	Y	W	U	E	N	A	N	T	T

1 – Inércia do réu, seja pelo não comparecimento em audiência ou não apresentação de contestação à petição inicial.
2 – Termo em latim usado para referir-se ao remédio jurídico que assegura o direito fundamental de acesso à informação sobre a própria pessoa.
3 – Perda do direito material, que ocorre porque o sujeito do direito deixou transcorrer o prazo previsto na lei para exercê-lo.
4 – Decisão judicial que não é mais possível contestar por recurso.
5 – Regra do futebol que serve para anular um gol válido e tirar o título do seu time querido.

Respostas

H	L	T	L	F	R	T	N	C	F	I	E
R	A	A	H	R	E	E	O	O	M	M	N
D	E	C	A	D	Ê	N	C	I	A	P	O
N	L	V	B	A	U	N	H	S	W	E	C
E	I	W	E	E	C	N	S	A	E	D	V
A	L	M	A	L	N	K	L	J	I	I	Y
E	O	A	S	N	I	T	N	U	P	M	J
C	I	O	D	U	M	A	O	L	D	E	I
A	E	T	A	A	R	Y	S	G	T	N	X
N	E	R	T	W	T	E	N	A	I	T	T
E	T	C	A	I	I	H	D	D	W	O	D
A	S	S	Y	W	U	E	N	A	N	T	T

O ideal é que você se junte com colegas para, em união de esforços, criarem vários caça-palavras, de várias disciplinas e assuntos. Confesso que sozinho dá trabalho e leva tempo, que, como já disse, é muito escasso. Vamos ver palavras cruzadas também de Direito Processual.

Direito Processual

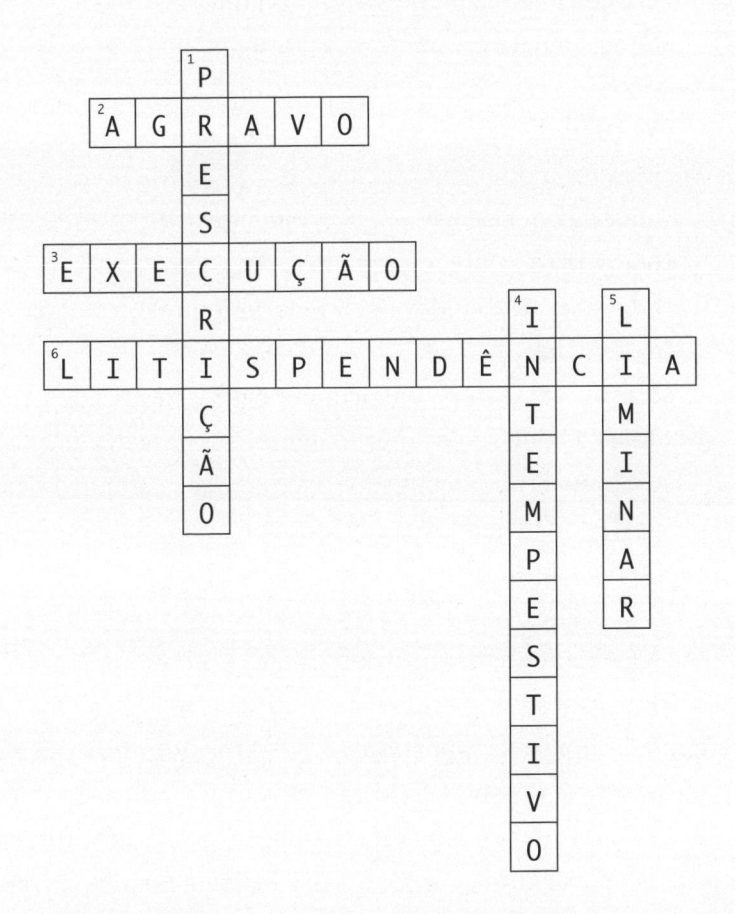

```
        P
    A G R A V O
        E
        S
    E X E C U Ç Ã O
        R           I       L
    L I T I S P E N D Ê N C I A
        Ç           T       M
        Ã           E       I
        O           M       N
                    P       A
                    E       R
                    S
                    T
                    I
                    V
                    O
```

Horizontais

2. É um dos tipos de recurso no processo. Ele é interposto contra uma decisão e apresentado à instância superior.

3. É a fase do processo posterior à decisão de mérito, em que o objetivo é fazer com que essa decisão seja cumprida.
6. É a existência concomitante de dois (ou mais) processos com causas idênticas, isto é, com o mesmo objeto, mesmas partes e mesma causa de pedir.

Verticais
1. É a perda do direito de ação, sem a perda do direito material, que ocorre porque o sujeito do direito deixou transcorrer o prazo previsto na lei para exercê-lo.
4. É o ato processual realizado fora do prazo estabelecido na lei.
5. É uma decisão provisória concedida no processo, antes da decisão de mérito definitiva, para evitar que o tempo de andamento do processo cause prejuízos às partes ou inviabilize a execução posterior da sentença ou do acórdão.

A facilidade com que fiz esses dois exemplos foi incrível. Entrei no site, abri um glossário de termos jurídicos e apenas copiei as respostas e as palavras. Pronto, feito. A importância desse método é muitas vezes sonegada por candidatos que o acham infantil. Eles se esquecem de que nossa educação básica por anos foi erigida no método da aprendizagem pela memorização. Pelo menos na minha época era assim. A gente decorava a tabuada, e por causa disso às vezes esqueço quanto é 7 vezes 9 (era péssimo na tabuada de 7). Mas era o que tinha, e nosso cérebro meio que se acostumou àquele modelo. Hoje, ao treiná-lo apenas com uma leitura linear, do tipo "A coisa julgada é a decisão judicial que não é mais possível contestar por recurso", você está apenas enganando seu pobre amigo. É necessário forçá-lo a construir frases, orações com significados, fazê-lo fornecer para você ligações entre os termos "coisa julgada" + "decisão" + "não recurso".

Vá por mim: faça!

Mutante nível 2

Muito se discute sobre a forma de avaliar candidatos para cargos públicos. Quais os meios de prova, qual a forma mais democrática, mais acessível a todos, mais objetiva possível. Entre os vários modelos, o de questões de múltipla escolha continua sendo a opção que possui mais adeptos. O problema dele é o favorecimento de pessoas com QI mais alto, indivíduos especializados em responder a questões, gurus do raciocínio lógico, decoradores de códigos e leis, ou seja, tudo que talvez você não seja ainda. Daí que a segunda fase serve como um balanceador, pois eu vi — e não poucas vezes — muitos mestres da decoreba perderem nas discursivas, quando tiveram as piores notas nas questões subjetivas.

O que explica isso? Não sei ao certo, mas acho que raramente alguém é bom em tudo, e quem tem facilidade em ler e decorar nem sempre tem facilidade de expor, criar um raciocínio, uma linha de argumentação. Mas você só chega na segunda fase se passar pela primeira. Então, atenção: não despreze a capacidade dos decoradores. Em vez disso, torne-se um.

O que eu não disse até hoje para ninguém é que usei técnicas para decorar, tais como associações e mnemônicos. É feio usar mnemônicos? O professor da universidade federal condena a prática? Não fale para ele! Guarde para você, mas não deixe de usar tudo que estiver à sua disposição. Ninguém pode hoje se dar ao luxo de dispensar técnicas; lá fora seu concorrente não vai fazer isso. Então faça! Mas não só associações e mnemônicos, use também o "erro".

Veja bem: a melhor forma de estudar para a primeira fase é lendo a lei e respondendo a questões "de marcar x" ou certo/errado. Isso é indispensável; quem não lê a lei e não responde a questões não passa. Só que responder a questões de múltipla escolha é um teste que envolve sorte na medida inversa do seu estudo. Como assim? Se você estudou o artigo 5º da Constituição apenas uma vez na vida, lendo-o todo, e vai responder a questões, é provável que erre bastante. Obviamente também pode acertar, mas o acerto levará em conta a sorte. É que, quanto menos sabemos, mais temos dúvidas, e, diante de quase todas as cinco ou quatro alternativas à nossa frente, há aquelas duas ou três que achamos que são corretas. Aí mora um vilão silencioso. *Esse acerto é ruim para você.*

Quando atentei para isso, passei a não desanimar com os erros e a aceitá-los como um conhecimento a mais. Você que está começando pode se frustrar muito quando encerrar um simulado. Muitos cursinhos fazem simulados e colocam as listas de classificação. Sua posição lá embaixo pode ser um balde de água fria. Olhar para a prova e dizer "Putz, que horror". Mas não faça isso. Veja uma oportunidade nos erros.

Cara [permita-me chamá-lo(a) assim], isso não é conversa de *coach* de empreendedorismo, na moral! O negócio funciona. Quanto mais tempo você demora tentando adivinhar a alternativa correta, mais tempo está estudando. Se você a acerta, quando olha o gabarito, acabou, nem volta mais para reavaliar as razões pelas quais demorou tanto para acertar. E o pior: muitas vezes as dúvidas permanecem. Se erra, volta e vê o erro e, vendo-o, absorve o conhecimento.

Quer uma prova da veracidade do que estou falando? Eu tenho certeza de que você lembra de uma questão que errou na escola ou na faculdade, que lhe foi decisiva a ponto de reprovar ou dar aquele 10. A minha foi 6 vezes 9, na segunda série do ensino fundamental. Coloquei 52. A professora apagou e escreveu 54 por cima. Ela fez isso porque eu chorei horrores quando entreguei a prova, e percebi o erro. Muitos candidatos lembram de questões decisivas, invariavelmente sendo aquelas que erraram, e não erram mais.

Mas muito cuidado nessa hora. Não é só sair errando adoidado. É preciso trabalhar o erro, o que passei a fazer, e o que no auge me fez ficar entre os dez primeiros na prova objetiva para juiz federal da 3ª Região, em 2018, acertando 85 pontos numa prova de 100 questões. Sempre que respondia a um simulado por qualquer site de preparação para concursos, reunia as que havia errado num caderno. Escrevia a alternativa correta, copiava mesmo, destacando a palavra, expressão ou trecho que me faltou na hora de responder. Não fazia no computador, fazia à mão, até para melhorar a caligrafia. Aquele caderno continha meus erros, e eu os revisava, e ao revisar lembrava onde havia errado, qual palavra do dispositivo de lei passara desapercebida. Não só lei, mas jurisprudência e doutrina. Era como uma forja, onde se faz uma espada: o aço é revirado diversas vezes, martelado, esquentado, revirado novamente, martelado, temperado, tudo para atingir o equilíbrio entre a dureza e a flexibilidade de uma espada de samurai. Você precisa entender que é preciso bater em si mesmo, porque pode, e sua mente vai sair dessa forja dura, resistente, mas flexível, com conhecimento suficiente para acertar muito.

Mutante nível 3

A prova oral é uma fase ameaçadora. Digo por mim: foi um momento em que me senti horrível, burro, em que tive a impressão de que estava esquecendo de tudo. Eu cheguei com um grupo de catorze pessoas. Havia ali apenas catorze candidatos saídos de um universo de mais de 6 mil. Apenas 340 avançaram na primeira fase. A segunda consiste em três provas: a primeira é composta de perguntas abertas. A quantidade pode variar de tribunal para tribunal. Geralmente é uma dissertação (que vale mais pontos) e algumas questões. Fizemos provas discursivas dificílimas: uma dissertação sobre improbidade e quatro questões. Abrangiam Direito Civil, Penal, Previdenciário e Administrativo. Dos 340, só 60 conseguiram média acima de 6,0. Esses (e eu no meio) tiveram as provas de sentença corrigidas: uma civil e uma criminal. O tema da sentença civil era sobre "sequestro" internacional de criança (o nome é sequestro, mas não é bem um sequestro como os que a gente vê na televisão). O governo alemão pedia uma liminar para que uma criança fosse enviada de volta para a Alemanha, pois a mãe brasileira, uma vez separada do marido alemão, veio visitar parentes no Brasil, trouxe o menor e aqui ficou. Eu tinha que autorizar ou não o retorno, sentenciando e concedendo a liminar. A última prova era a sentença criminal. O caso prático era de uma organização criminosa com vários réus, vários crimes, várias provas e envolvia dinheiro público federal para compra de livros didáticos, e inclusive com pessoas com foro por prerrogativa de função. Embora a gente faça essas três provas de segunda fase todas num único final de semana, as correções levam meses.

No dia do resultado das provas de sentença, fiquei sabendo que catorze pessoas passaram com notas acima da média 6,0, mais uma vez eu incluído entre elas. Não há dúvida de que aquelas catorze pessoas eram bons candidatos e sabiam muito sobre direito, mas muito mesmo. Não há dúvida. Renato Brasileiro já disse uma vez que quem chega na prova oral sabe mais que os próprios examinadores. E qual a razão para eu me sentir um derrotado antes do tempo, uma fraude? Era a "Síndrome do Impostor". E qual a causa dessa "condição" psicológica? Acredito que no meu caso era a enorme dificuldade que encontrei para usar uma capacidade até então nunca requisitada, qual seja, a fala.

É verdade que eu tinha feito prova oral em 2008 quando passei para o certame de estagiário. Mas havia dez anos que não punha à prova a habilidade de falar. Por outro lado, não é possível comparar as situações. Na prova do estágio, em geral, os juízes examinadores praticamente fazem só uma entrevista. São poucas perguntas. Na prova oral para juiz são cinco examinadores, dispostos lado a lado, cada um assistindo enquanto outro faz perguntas. Ou seja, o candidato é examinado por todos quase todo o tempo.

Então, quando me deparei com o desafio pela frente, me desesperei. Vale lembrar que havia desistido de uma prova oral, a do concurso para promotor de Pernambuco, no final de 2014. Ali me dei o "direito" de faltar, mas em 2019 eu não tinha mais esse direito. Ficamos sabendo dos resultados entre dezembro de 2018 e fevereiro de 2019, e a prova era em abril. Restavam poucos meses. O pior de tudo era que eu já tinha desistido de continuar estudando para concurso. A toalha já havia sido jogada em novembro de 2018. O próprio dezembro fora um pífio mês de estudos. Ao ver meu nome na lista, senti a felicidade temperada com o medo, que gerou imediata ansiedade, pavor e, algumas vezes, depressão. Sim, a sensação de derrota antecipada era tão intensa que em ocasiões sem conta eu me pegava chorando no banheiro, tal qual um candidato reprovado em prova oral.

É por isso que peço a você, encarecidamente: estude bastante, mas treine sua fala. De uma hora para outra você se verá sentado na frente de pessoas estranhas perguntando sobre coisas que você não vai poder escrever, mas terá de falar.

E é por isso que o mutante nível 3 tem que levar você a uma forma de aprendizado para além da capacidade da escrita.

Resumir

Ainda falando em técnica, e levando em conta que um dia sua boca vai ser o instrumento de que a *verdade* vai se utilizar, comece a entender o seguinte: você precisa aprender a condensar informação e a colocá-la para fora de várias formas possíveis, principalmente a falada. Atente para o fato de que qualquer questão subjetiva, escrita ou oral, vai levar em conta a limitação de espaço ou tempo. Você terá vinte linhas, dez ou até menos, para escrever. Você responderá oralmente dentro de um limite de tempo. Num ou noutro caso, a concisão e a objetividade de expor argumentos são fundamentais, e o primeiro passo para aprender a fazer isso é saber *resumir*.

Assim, é necessário resumir, reduzir com palavras aquilo que leu, ou ouviu, ou assistiu. Não adianta, de nenhuma forma, trabalhar com resumos dos outros;

você tem que fazer os seus. Essa técnica é uma característica de poucas pessoas. Não são todos que têm a paciência necessária para abrir um caderno e escrever o que acabaram de ler no livro. Demora, e às vezes é maçante, entediante. Eu, por exemplo, pouco fiz isso pela maior parte do tempo que estudava. Meus métodos de condensar eram os grifos, o que é bom para as revisões periódicas de que vamos falar à frente. Mas o grifo não força a mente à redução do conteúdo, e nenhum modo é mais eficaz que o resumo punho-caderno.

Ah, e não se esqueça de passar as anotações e os resumos para seu Santo Graal, como já falei lá atrás. Eu mesmo tirava fotos das páginas do caderno, transformava em PDF e incluía no material condensado.

Lógico, pode ser só uma impressão minha, mas a maioria das melhores notas em provas orais é de mulheres, e eu, do alto de minha ignorância no assunto, acho que isso tem muito a ver com a preparação delas: mais organizadas, mais pacientes com o material de estudo, mais perfeccionistas com cadernos, *post-its*, fichários. É um comportamento que se repete desde os tempos da escola. As meninas sempre são mais cuidadosas com o material escolar. Os meninos, ao contrário, são mais bagunceiros. Não vou cansar de repetir, digo por mim: na escola, meu caderno era um horror. É óbvio que estou falando de uma maioria, o que quer dizer que tem exceções ali e aqui. Mas o fato é que essa tradição se reflete no modo de preparação para concursos, e as mulheres que organizam seu material não vão ter nenhuma dificuldade de fazer o que estou aqui sugerindo: resumir tudo em cadernos.

Também não vou discorrer sobre a causa de o método servir muito para quem um dia vai precisar fazer uma prova oral, e só adianto que o fato de o cérebro ter que trabalhar com as inúmeras associações a partir do que você leu ou ouviu vai fazer com que ele, além de fixar melhor o conteúdo, lhe ofereça uma resposta pronta. Como assim?

Vamos ao exemplo.

Digamos que você está estudando sobre teorias da ação ou conduta no Direito Penal. Então, em algum livro de doutrina, você vê que o Código Penal adotou a teoria finalista. Você aproveita e lê o que diz essa teoria: "A ação humana é realizada visando ao exercício de uma atividade final e não de uma mera atividade causal". Leu, passou para o assunto seguinte, fechou o livro. Em dez minutos vai fazer um simulado, e lá está uma alternativa com a mesma frase. Você vai marcar e acertar. Mas suponhamos que não seja uma questão objetiva, e sim subjetiva, pedindo para você discorrer sobre a teoria finalista. Aí você abre o Código, procura os dispositivos, lembra mais ou menos do que leu não tem nem dez minutos e escreve algo semelhante: *É a teoria adotada pelo direito penal brasileiro, que consiste em afirmar que a ação humana relevante para o direito penal é aquela com uma finalidade, mas não apenas a que causa o resultado.* Agora troque as duas questões, objetiva e subjetiva (em que você teve tempo para responder), pelo comando: fale em voz alta sobre a teoria finalista.

Faça o teste. Feche este livro, leia um assunto de Direito de que você gosta. No meio dele, anote uma pergunta num papelzinho, do tipo "o que é (tema do assunto)?", e termine de ler o tópico. Volte para cá, leia mais um pouco e depois responda à pergunta que escreveu, gravando sua voz no celular. Isso mesmo: só vale se você acionar o REC do gravador e falar. Se não sair nada, pense em fazer uma grande mudança no seu método de estudo. Para sua sorte, você não está — ainda — na fase oral de um concurso, o que não era meu caso.

O tempo todo eu pensava nisso: *Como vou falar? Eu não consigo responder!* Lembro que ficava na frente do espelho respondendo a perguntas de provas orais de outros concursos e, quando gaguejava, sentia um pânico. E veja só: perguntas de provas orais não são complexas, a maioria é simples, tipo "o que é isso, discorra sobre aquilo". Contudo, com essa aparente facilidade, nada se compara ao fato de ter que abrir a boca para dizer algo. E, quando se recebe o resultado de que se chegou na prova oral, uma histeria consome o resto da saúde mental. O candidato quer aprender a fazer algo para o que deveria vir se preparando há anos. Procura cursinhos de oratória, como foi o meu caso, como se alguém ensinar você a falar de-va-gar e pau-sa-da-mente fosse ajudá-lo. Não vai. Não é suficiente.

Aliás, eu soube que há examinadores que detestam candidatos "oratoriamente" preparados. Robozinhos com gestos precisos e cadenciados, que repetem "Excelência, a teoria finalística da conduta consiste em...". Daí por que algum nível de naturalidade é essencial, e isso só é possível aprender ainda na preparação. Eis, então, que há algo, além de resumir a matéria, que é indispensável: *ensinar*.

Ensinar

Você iria mangar de mim, mangaria mesmo, e eu deixaria. Mas, se eu tivesse que fazer tudo de novo, eu disporia de um tempo para ensinar às minhas gatas. Isso mesmo, ensinar o assunto aos meus pets. Não ficar na frente do espelho, me olhando repetir um assunto. O tempo de trabalhar a oratória é depois, quando sua mente e sua boca já estão entrosadas.

Para chegar a esse ponto, o ideal é ensinar. Quando você ensina, seu cérebro se esforça para criar associações nas questões e dúvidas que você mesmo propõe. O ato de filosofar é, em alguma medida, um ensino a si mesmo. Você se pergunta e responde, depois discorda, concorda, emenda, e assim por diante.

Mas a atividade autorreflexiva pode ser chata. É melhor se passar por louco ou louca conversando com animais. Eles vão ficar olhando para você (aliás, se for gato ou gata, nem tanto) e vão prestar atenção. É claro que nem todo assunto deve ser separado para esse modo de estudo. O melhor tipo é aquele que envolve conceitos. Assim, toda vez que você estiver lendo um livro de doutrina e lá aparecerem as expressões "isso consiste em", "isso é", anote a pergunta, para responder depois e ensinar.

Tudo isso torna o estudo muito demorado do ponto de vista do conteúdo que você precisa vencer, e do tempo à sua disposição. Mas não se preocupe, leve o tempo que for necessário; é preciso preparar sua mente para a utilização de múltiplas formas, e não quero de maneira alguma que você sonegue a necessidade de capacitar a habilidade da fala. Uma hora você vai precisar dela, e três meses é muito pouco tempo para cobrir anos de prática para um bom candidato de prova oral.

Revisões

Para mim, as revisões foram essenciais para a mudança na qualidade do conhecimento. Lembro perfeitamente do dia em que baixei um aplicativo de registro de horas de estudo (aliás, indispensável) que disponibilizava um calendário de revisões. Tudo começou quando eu soube de um método de revisão baseado no estudo do alemão Hermann Ebbinghaus. Ele foi responsável por pesquisas que explicam a retenção da informação na nossa memória, e nomeou de curva de esquecimento a relação entre o tempo e o esquecimento.

Em apenas trinta minutos perdemos 42% do que estudamos. É por essa razão que você se frustra quando termina de ler um tópico de livro e já não lembra do começo. E o passar do tempo só piora esse quadro. Ao fim de um dia, só teremos retido 33% do conteúdo estudado. Depois de 31 dias, só 21% do conteúdo ainda ficará retido na memória.

Essas porcentagens podem ser menores em grupos de pessoas que assistem a vídeos curtos com muita frequência. "Quem disse isso, Kleiton?" Eu estou dizendo. "Com base em quê?" Vozes da minha cabeça. Mas, falando sério, a ideia por trás do estudo é explicar que o cérebro reduz o nível de "trabalho" sempre que não é exigido dele um esforço cognitivo maior. Daí que as informações vão se perdendo, liberando espaço para outras que são sobrepostas em camadas de interesse e importância. Quanto menos importante, ou menos interessante, for a informação, menos seu cérebro vai se esforçar para reter e mais rápido você vai se esquecer daquele conteúdo. Lembra do vídeo curto de TikTok? Pois então: ele é tão inútil para seu cérebro que não há esforço nenhum para manter retida qualquer informação que com ele venha. A repetição do processo piora a capacidade de retenção da memória, já que o cérebro do sujeito passa a achar que tudo é vídeo curto, até mesmo quando não é, como no caso de videoaulas.

Para o concurseiro ou a concurseira, reter a informação por mais tempo é essencial. É a diferença entre saber muito ou pouco e saber mais ou menos que seus concorrentes. Veja que não é uma questão de ser mais ou menos inteligente. Por isso digo que "burros" como eu podem se tornar pessoas "inteligentes" que são aprovadas em concursos difíceis. É uma questão de esforço e técnica, dedicação e determinação, fé e perseverança. Só isso? Não, tem muitas e muitas outras coisas, mas essas são essenciais.

Bom, e como funciona a curva do esquecimento? Assim:

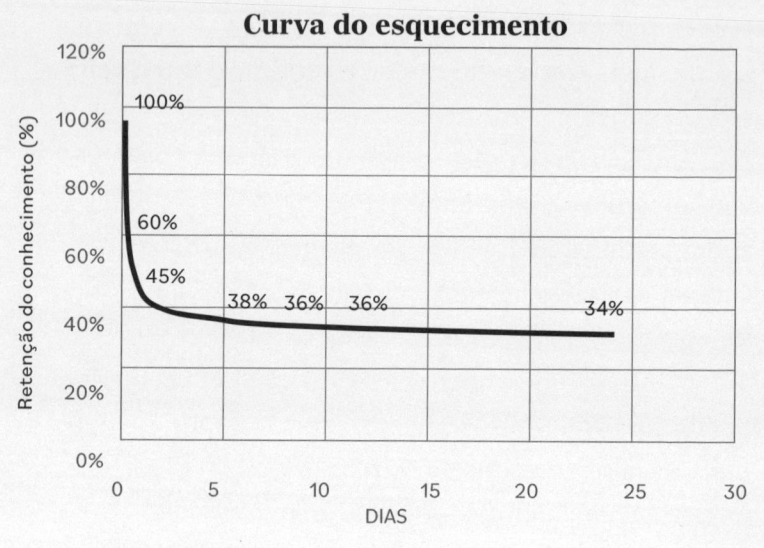

Curva do esquecimento

[Gráfico: Retenção do conhecimento (%) vs. DIAS. Pontos: 100%, 60%, 45%, 38%, 36%, 36%, 34%.]

Curva do esquecimento de Hermann Ebbinghaus.
Fonte: adaptado de GOODWIN, C. James. *História da psicologia moderna*. São Paulo: Cultrix, 2007.

Quanto mais tempo, menos conteúdo fica retido, a ponto de em um mês sobrar pouco menos que 20% dele.

Agora vamos falar sério: você acha que é possível estudar todo o conteúdo para um concurso de juiz federal em um mês? Mesmo que fosse possível, 80% do que fosse consumido nos primeiros dias do mês ficaria perdido no limbo do esquecimento. Ou seja, provavelmente você iria fazer a prova com aproximadamente 50%, e olhe lá, de conteúdo retido.

Quando passei na primeira fase para o concurso de promotor em Pernambuco, estudei absurdamente por um mês e fiz uma prova em que acertei 69 questões. Hoje não passaria. Hoje é preciso acertar em média 75 pontos para passar para a segunda fase. Isso tende a piorar, quer dizer, a ficar mais difícil, pois a nota de corte só vem subindo.

É por isso que o estudo para um concurso desses exige tempo, muito mais que um mês, e muito mais que três meses (é a média entre a publicação do edital e a prova). Diria eu que exige no mínimo um ano. E, se é necessário um ano de estudo, imagine quanto a memória perde em porcentagem durante esse período. Esquece-se tudo com praticamente um ano. Eu mesmo não lembro de quase nada que aprendi quando estudava. Meu conhecimento jurídico é renovado com a lide diária, com a prática, com estudos específicos de Direito Previdenciário e Processo Civil, que é a área em que mais atuo. Se tivesse que fazer uma prova mês que vem, não tenho o menor constrangimento de dizer que não passaria. Contudo, se fosse necessário ter que fazer a prova (não no mês que vem) em algum momento nos próximos anos, a revisão seria essencial, como foi no passado.

E como fazer?

O próprio método tem base na curva de esquecimento, de modo que é preciso revisar o assunto em 24 horas após o primeiro estudo, 7 dias, 15 dias e 30 dias.

Eu tenho certeza de que muitos concurseiros já sabem disso. Talvez só aqueles que nunca tenham estudado para concurso vão receber a informação de forma inédita. O que nem todo mundo sabe é que o calendário não é fixo e você pode (e deve) ajustá-lo de acordo com a matéria e com o assunto.

É aí que vem a dica preciosa: não revise tudo da mesma forma. Você pode revisar quatro vezes (24 horas, 7-15-30 dias), ou três vezes (24 horas, 15-30 dias), ou até duas, ou cinco! No entanto, dê preferência, com maior quantidade de revisões, a disciplinas de conteúdo maior, com mais peso, as *big six*: Constitucional, Administrativo, Penal, Civil, Processual Civil e Processual Penal. São as matérias presentes em quase toda prova. Depois, a depender do concurso que é seu objetivo (defensoria, procuradoria, promotoria, magistratura), você vai incluindo as matérias mais específicas no seu cronograma de revisões.

Digo isso porque revisar consumirá boa parte do seu tempo. Até nisso é preciso ter cuidado e estratégia.

E o que revisar? Em outras palavras: revisar é reler o assunto no livro, ler grifos ou ler os resumos? Obviamente ler o assunto novamente não é revisar, é reestudar. Sobra então reler os grifos (algo que fiz por muito tempo) ou reler os resumos, o que recomendo. Dessa forma, o tempo que você levará para revisar deve ser de 10% a 20% do período que gastou para estudar, de modo que, se seu estudo diário é de cinco horas, uma hora deve ser apenas para revisar. Esse equilíbrio é a chave da ótima retenção, da boa revisão, da aprovação.

"Mas Kleiton, não tenho cinco horas diárias disponíveis." Bom, nesse caso é preciso alocar bem o tempo de estudo e revisão no período que tem à sua disposição. É uma questão de escolha que é muito importante e depende do seu desempenho em cada matéria. Lembra do que falei sobre a flexibilidade do plano? É exatamente aqui que você vai perceber onde pode revisar mais, ou menos. Só não deixe de revisar, pois a falta vai fazer você esquecer, com a consequência lógica e semelhante a não ter estudado.

OUTRAS TÉCNICAS E MÉTODOS

Eu sei que existem outras técnicas e métodos de estudo. Existem livros apenas com esse propósito. Fique à vontade para utilizar todos, e tenha a habilidade de identificar aqueles que servem para você. Esses que eu listei aqui foram os que serviram para mim e me ajudaram a ser aprovado quando levados à exaustão. E como foi exaustiva essa caminhada. Por isso vou encerrar esta parte e começar uma nova, com tópicos sobre outra coisa indispensável para o concurseiro: motivação.

PARTE TRÊS

SANGUE, SUOR E MUITAS LÁGRIMAS

Se este é também um livro de autoajuda, agora ele começa de verdade. *Rocky, um lutador* é um dos melhores filmes a que já assisti. Com roteiro de Sylvester Stallone e estrelado por ele mesmo, conta a história de um boxeador amador ítalo-americano que é escolhido por acaso para enfrentar o grande campeão dos pesos-pesados, Apollo Creed. O filme é uma história de amor, apesar de algumas pessoas acharem que é sobre boxe. Não, o boxe, no filme, é só uma metáfora para a vida, onde se perde e se ganha e, no ringue dos conflitos, podemos nos machucar.

Concurso é boxe. Você perde, você ganha, e num ou noutro caso você vai se machucar. Alguns se machucam feio. Abrem, psicologicamente, a cabeça, indo à "loucura" da ansiedade e da depressão. Alguns se machucam e não se recuperam. Desistem diante de reprovações traumáticas, como aquelas que ocorrem nas provas orais, por exemplo. Alguns conseguem, mas ficam pelo resto da vida com cicatrizes. Por causa dessa metáfora, que às vezes é mais que metáfora, mas a própria realidade, alguns encaram o concurso como uma luta. Esses, ao se colocarem diante de provas em que a única habilidade física requerida é a fala, acrescentam à preparação algo muito especial: motivação.

Motivar – perdão pela pobreza na conceituação – é dar motivo. O motivo para passar num concurso está dentro de você, lá no fundo. Já falamos sobre isso quando tratamos do momento da sua *decisão* de prestar concursos. Esse motivo quase sempre é esquecido, ou subestimado, ou simplesmente deixa de existir em boa parte da preparação. Mantê-lo vivo é importante demais para a preparação. Muitas vezes não é só um motivo, mas vários, e eu acho que quanto mais, melhor. Além disso, há falsos motivos, ou motivos superestimados. Por exemplo: o indivíduo já é servidor público, tem uma vida boa financeiramente, e acrescentar mais 5 mil reais no contracheque não vai fazer tanta diferença. Para ele, melhorar de vida não é motivo, ainda que afirme que é. Na verdade, é um falso motivo. Mas as pessoas que ganham um salário mínimo num emprego que degrada, ou faz bico, ou não tem emprego, sonham e têm os motivos para passar num concurso que melhore suas vidas.

Você precisa achar o motivo verdadeiro e refletir sobre ele. Já falei sobre concursos para cartórios, e houve um tempo em que quis me aventurar. Comprei livros e cursos. Sei que há cartório de registro de imóveis que arrecada e deixa livres para seus "donos" milhões mensais. Alguém que estuda para um concurso como esse tem como motivo ser milionário. Não adianta dizer que não é isso. Aliás, quem passa num concurso assim levou muito a sério essa meta. Não vou criticar, já foi meu motivo. O fato é que eu mudei, e o concurso em que estacionei foi o de juiz. Quem sabe não ganho na loteria e fico milionário do mesmo jeito? Ou então minha esposa empreendedora ganha muito dinheiro, e viverei à sua custa enquanto escrevo meus livros de romances e contos.

 Ora, se não tenho mais motivos para passar em outro concurso, nunca vou me motivar o suficiente para encarar a preparação e as reprovações que porventura vierem. Posso até tentar, mas seria preciso acontecer alguma coisa que mudasse o atual estado de coisas. Entretanto, você aí, do outro lado, você que chegou até aqui, você tem motivos, eu sei. Então não encare esta parte do texto, principalmente daqui em diante, como mera e simples autoajuda piegas, ou clichê do tipo "você pode, é só querer". Prepare-se para absorver as próximas lições de boxe para enfrentar o campeão dos pesos-pesados e, pelo menos, não ser nocauteado.

UMA CHANCE

No filme do Rocky, e antes da grande luta final, Mickey, seu treinador, diz:
— Eu sei o que está pensando, garoto. Pelo menos você tem uma chance. Tudo que pode fazer é tentar seu melhor.

Nessa parte do filme, Balboa está profundamente duvidoso de si. É uma das características humanas: o medo e a dúvida da própria capacidade em face do desafio. Seu treinador tenta se pôr no lugar dele e acrescenta que *pelo menos há uma chance*. E se nem isso ele tivesse? A chance surgiu porque o desafiante do campeão se machucou, e Apollo teve a ideia de escolher na região um lutador anônimo para substituí-lo.

Na vida, você é esse anônimo ou essa anônima. E eis que a própria vida lhe dá uma chance. Muitos não têm a chance, muitos não têm a oportunidade. Você talvez ainda não tenha tido sua chance. Se ainda não teve, não se abata e tenha consigo que, diante de uma infinidade de caminhos, a trajetória de qualquer um depende de sorte e esforço. Digo isso para diminuir a cobrança que naturalmente impomos a nós mesmos.

É uma grande bobagem a frase de para-choque "Nunca foi sorte, sempre foi Deus". Não se tratando de milagres (fatos quase improváveis), Deus pode, sim, contribuir para a aprovação. Aliás, em pessoas extremamente fervorosas, Ele ajuda e muito, mas não pela interferência direta (opinião minha), e sim pelos ensinamentos, ou agindo no coração de outros. É que, para mim, Ele é o Pai que, visando garantir igualdade e justiça entre os filhos terrenos, precisa deixar que a sorte (probabilidade) cumpra sua função. Ele diz: esse é o melhor modo de atravessar o deserto, e dá liberdade. Só que no trajeto tudo pode acontecer: coisas ruins e boas e, entre as últimas, as oportunidades (ou chances).

Oportunidades aparecem de diversas formas. As mais comuns são as de ter tido uma boa educação na infância e na adolescência. Foi o meu caso. Apenas um ano de minha vida estudei em escola pública. A escola era a Casa da Amizade. Nem sei se ainda existe. Ficava perto de casa, e meu pai insistiu que minha mãe me colocasse lá. Para ele não faria diferença, já que havia estudado em boas escolas públicas, inclusive com uma irmã médica, minha tia Zoraide. Aliás, ouvinte alfa do meu audiolivro *Crônicas de um mentiroso*.

O fato é que um dia, e isso eu lembro (incrível), eu e uns colegas estouramos um cano no banheiro e fizemos um chafariz. Era tardezinha, e a água quente jorrava e nos molhava. Daí para a frente a memória se desvanece. Sei apenas que tive uma das piores crises de garganta de todas.

Eu não voltaria a estudar em escolas públicas, mas só em particulares, com ótimos professores e toda a estrutura de alguém que pode se tornar um juiz. E o que fiz? Desperdicei todas essas oportunidades. Óbvio que a idade não ajudou. Por isso, não poderia dizer que foi por falta de oportunidades ou chances. Nunca! Elas estiveram sempre ao meu redor. Nada obstante, e se *não* estivessem?

Vou ser mais preciso: houve um tempo em que deixei o conforto do lar e decidi ir ao "deserto", algo de que falaremos à frente. Nesse tempo, perdi quase tudo que tinha à minha disposição, com exceção das ajudas de minha mãe (para literalmente não passar fome) e da faculdade paga por meu pai. Ainda assim, contraí muitas responsabilidades, e a obrigação de sustentar uma família em que só eu trabalhava. Eu poderia arrumar um emprego, trabalhar oito horas diárias, ter férias anuais e finais de semana de descanso, ocasiões das quais tiraria muito proveito, bebendo, jogando bola e me divertindo. A oportunidade não foi um emprego, mas um estágio na Justiça Federal, o que era muito melhor. Jornada de cinco horas diárias, férias e feriados e domingos e um salário mínimo e meio.

Acontece que, em vez de me divertir, continuei estudando de segunda a segunda, sem férias, sem feriados, sem domingos, sem jogo de bola, sem porra nenhuma, pois eu precisava passar num concurso ou no Exame da OAB antes que terminasse a faculdade e, respectivamente, o estágio. O resultado foi que em 2009 fiz a prova da OAB ainda no nono período, e passei de primeira.

Ou seja, se não há oportunidades, crie-as você mesmo.

CRIANDO OPORTUNIDADES

Para se motivar, para se manter ativo, é preciso entender que haverá alguma chance de conseguir. Você não pode se motivar a fazer algo impossível. Ainda assim, certos objetivos – especificamente os improváveis – são imunes a doses de motivação pelo simples fato de dependerem de muita coisa. Se quero ser presidente do Brasil, algo improvável ao extremo, não adianta assistir a séries e filmes em que grandes estadistas protagonizam feitos extraordinários para me espelhar neles. Há um caminho com milhões de variáveis, cada uma capaz de manter para sempre o objetivo improvável. Mas estamos falando de concurso, e aqui a quantidade de variáveis é menor. Tão menor que você quase tem o controle total do processo, o que lhe permite criar as oportunidades que vão transformar o improvável em provável.

Já dei um exemplo sobre o esforço para estudar durante o estágio, cujo objetivo era criar a oportunidade de passar num concurso o quanto antes. Em vez de servidor público, tornei-me advogado assim que deixei a faculdade. Eis outro exemplo meu: a princípio, estudar só exige tempo. Tive tempo razoável para estudar enquanto trabalhava como advogado. O que fiz para isso? Consegui contratos mensais cujos clientes e processos permitiam que eu me organizasse para estudar. Aliás, eu poderia descansar, mas estudava. Poderia ir atrás de outros contratos visando incrementar a renda, mas estudava. Evitava, dessa forma, desperdiçar tempo ou me ocupar em excesso. Quer dizer: não há outra forma de conseguir as coisas a não ser criando oportunidades para que elas aconteçam!

Outro caso. Minha turma de aprovados no TRF2 fez três cursos na preparação para a prova oral. Participei somente de dois. No primeiro, quando cheguei a Brasília, meu cartão de crédito não passou no check-in do hotel. Alguém da minha família em Arapiraca havia usado parte do limite, e, se não fosse a boa vontade do gerente em permitir que eu pagasse na saída, eu teria dormido na calçada.

No segundo curso, vendi o carro para evitar situação semelhante. Eu deveria deixar de ir? Perder a oportunidade de treinar com meus colegas? Não! Daí vendi o carro e criei a oportunidade, mesmo me submetendo ao risco de ter gastado com cursos e ainda assim não ser aprovado.

O SONHO DISTANTE

Não quero te deixar triste, mas preciso dizer que em algum momento da sua vida seu sonho pode se tornar *apenas* um sonho, improvável, e talvez até impossível. Eu já ouvi histórias de pessoas que trabalharam no pesado: gari, servente de pedreiro, vendedor ambulante de picolé, catador de latinha, pessoas que desafiaram todas as variáveis e probabilidades para colocar em prática um projeto de vida e superação. Criadores natos de oportunidades, por conseguinte não desperdiçadas. São hoje delegados, advogadas, juízas, promotores, diplomatas. A vida é cheia dessas surpresas, mas o mundo tem muito pouco desses mágicos.

Obviamente que não vou conhecer todos os que estão lendo este livro. Juro que se dependesse de mim eu conheceria você, se é que já não o conheço. Bom, conhecendo ou não, pode ser que você seja destinado a ser uma dessas surpresas. Claro que pode! Um mágico das intercorrências e das interferências, que transforma dificuldades em oportunidades.

Daí que, se é você essa pessoa predestinada, outras não são. Muitos outros, infelizmente, vão continuar sonhando, e o relógio da vida vai matá-los até o ponto em que o sonho será apenas um sonho.

Juro que, se fosse preciso recomeçar a estudar para o concurso da magistratura, aos 40 anos, eu "botava pra abrir as bandas", como a gente fala por aqui. Mas com 50... aí já não saberia dizer. Meu filho e minha filha estariam crescidos, cada qual na sua profissão. Não gasto muito, minha esposa me sustentaria. Então...

Percebe que é realmente verdadeira a tese das janelas de oportunidades? Não quero desanimá-lo, mas, se sua janela está fechada, você vai precisar de uma marreta para abrir. Não só marreta, mas muita força e persistência, sendo certo que sua resistência só tende a diminuir com o tempo. É triste, mas é a vida, é o pacto do envelhecimento, algo tão difícil de ser encarado, embora seja a realidade cruel.

Por isso, meu amigo e minha amiga, se você ainda está novo, estude, e não deixe seu sonho se distanciar de você!

O SEU DESERTO E O ENCONTRO COM DEUS

Jesus foi ao deserto e jejuou por 40 dias e 40 noites. Há quem diga que o número 40 é uma alegoria para muito tempo. A mensagem, e sou eu que a interpreto dessa forma, é a de que, no momento de maior fragilidade, causada pela fome, Satanás se aproximou de Jesus para tentá-lo, incitando-o a transformar pedras em pães. Jesus se preparava para cumprir seu objetivo, e se alimentava de força de vontade e determinação. Perdoe-me se você não entende assim, mas eu acho que Jesus era tão humano quanto nós, que aqui sentia medo e ansiedade, e outros sentimentos. Ele sabia que não seria fácil.

A tentação para transformar pedras em pães pode ser representada, no seu caso, como a vontade de todos de tornar as coisas mais fáceis. É assim no trabalho, na família, na escola, na faculdade. É natural, é nossa natureza: estamos sempre procurando encurtar caminhos. Mas no concurso não há atalhos. E, do mesmo modo que a missão de Jesus envolvia o sacrifício próprio, assim é a sua, com todo o sofrimento inerente.

A certa altura, cada um de nós precisa de um momento de introspecção, de reflexão, de jejum, de comunhão com Deus. Esta é a mensagem da Bíblia: o sofrimento, que é inevitável, afeta com muito mais intensidade aquele que não tem uma forte ligação espiritual com o divino.

Falo por experiência própria. Quando optei por sair de casa, e consequentemente passar necessidade por não ter um trabalho, vi quanto era frágil e suscetível a dificuldades. Eu chorava com medo de não ter condições de alimentar uma família. Medo que durante um tempo me paralisava. Contudo, esse estado de inércia durou pouco, porque cada dia era um dia de superação, de luta incansável, de estudos constantes, eu, e somente eu, no deserto e com fome, mas alimentado por essa força sobrenatural que me fazia estudar por longas e longas horas. E, quanto mais eu me imaginava sendo aprovado, conseguindo um cargo público, mais ânimo tinha de seguir em frente. Isto é, boa parte do processo aconteceu na minha cabeça, dentro de mim, para em seguida se exteriorizar em ações.

Certa vez ouvi: fé não é só acreditar; é crer e agir. A mera crença no sistema de valores de uma religião não é suficiente para mover o indivíduo. Ele próprio precisa se mover, e, quanto mais árduo esse movimento e maiores a crença e a fé, mais inabalável ele se torna para aguentar a dor e seguir em frente.

Provavelmente, para a maioria das pessoas que tentam concursos, a vida difícil e escassa se impõe. Falta muita coisa em boa parte das famílias jovens que tentam um emprego ou um cargo. Se é o seu caso, você está na mesma posição que eu estava àquela época. E, por mais que as dificuldades o joguem para baixo e impeçam que estude como queria, você não pode se submeter à desistência, nem a outra tentação. Se apegue ao que você acredita, reze, ore, jejue, medite, faça por onde fortalecer sua mente. Estabeleça a comunhão com o propósito e Ele, e não diga a ninguém. Não poste mensagens, não brade aos quatro ventos, vá para o deserto, um lugar inóspito, em que sua força depende apenas de você, e faça a conexão.

Finalmente, não posso negar: hoje minha vida é boa demais; não tenho do que reclamar. Minhas inquietações são todas (absolutamente todas) oriundas da minha relação comigo mesmo. Uma luta contra o ego e a crença de que posso, ou devo, fazer mais. Só o tempo dirá, e, se é assim, não tenho por que ficar ansioso. Do ponto de vista econômico-financeiro, não falta nada. E, exatamente por não faltar nada, em algum momento faltou Deus em mim.

RECUPERANDO MINHA FÉ

Há algum tempo fui uma pessoa de pouca fé, mas nem sempre foi assim. Já fui um jovem edificado, que pregava de casa em casa aos domingos, que estudava as escrituras, que lia a Bíblia. Já fui temente a Deus, mesmo sem compreender algumas coisas. Cresci dentro de uma organização religiosa rígida, e chorei quando criança com medo de coisas erradas que fiz, como assistir *Emanuelle* na TV Manchete aos sábados de madrugada. Não só naquele passado distante, mas ainda em 2019, quando eu pude sentir a presença dEle ao meu lado, operando o milagre da aprovação.

E então... boa parte desse jovem edificado se foi.

Sinceramente não entendo como é possível alguém que tinha tanta fé chegar a deixar de acreditar em Deus. Simplesmente renunciar à promessa de vida eterna no paraíso ou no céu. Eu fiz isso! Algumas vezes clamei por Ele no deserto de dúvidas da minha consciência e não ouvia nada! E o pior de tudo: isso me apavorava, porque não sabia o que viria depois que fechasse os olhos. "O que virá?", perguntava. "Nada!", respondia. Era horrível!

Essas linhas acima, confissões verdadeiras, servem para agradecer a você, que me ajudou a reencontrá-Lo.

Sim, é exatamente isso que você leu. Foi você que me ajudou a recuperar minha fé em algo divino que transcende a mim, a todos nós. Pois recomeçou assim: pessoas num som uníssono, repetindo alto e em bom som, com todas as letras que estavam recuperando a confiança na Justiça mundana, pessoas com fé, e você, entre elas, que me trouxe um motivo a mais para eu me reencontrar e encontrar Deus.

Depois que comecei a falar para milhares de pessoas, e a receber um enorme carinho, percebi surgir uma faísca (não diria chama) de fé. Mas ainda não é fácil acreditar em mim, pois me subestimo. Mesmo com tantas e tantas pessoas me dizendo "Você é um instrumento de Deus", eu penso, incrédulo: *Por que eu? Por que Ele me usaria? Logo eu, que fui um ateu, que virei as costas para Ele! Deve ter alguma coisa errada. Deus certamente tem opções melhores que eu.*

Desculpe se o que você vai ler talvez o ofenda. Eu não mereço essa missão, não mereço. Eu sou um pecador e, num dos piores momentos da minha vida, neguei Jesus, eu blasfemei, insultei Àquele para quem meu avô dedicou a vida e morreu moribundo numa cama de hospital.

"Deus! Onde está que não vê isso?", eu gritava no carro estacionado ao lado do Hospital Regional de Arapiraca. E o silêncio como resposta me afundava em pensamentos sombrios, egoísticos, num monólogo com Ele, em que acusações sérias da minha parte O colocavam no banco dos réus como um criminoso. E olhe que Ele não fez nada comigo, muito pelo contrário. Eu já era juiz e alguém realizado, e sofria por não suportar ver meu avô, deitado, acamado no hospital, com metástases na cabeça, nos ossos, no corpo inteiro, com uma sonda nasogástrica, com a boca e os lábios rachados, respirando com dificuldade e morrendo aos poucos. E eu orava, pedia e perguntava: "Deus, por que o Senhor não o leva logo? Qual o sentido desse sofrimento? Por que alguém que se entregou ao sacerdócio tem que passar por isso?". Diante da ausência de resposta, eu pensava: *Você não existe, Deus não existe, é uma invenção dos homens*. Mas o pior de tudo era ter que falar, quando meu avô abria os olhos:

— Vô, estou aqui, sou eu, o Kleiton, seu neto. Não tenha medo, daqui a pouco o senhor vai estar com Ele.

Ainda agora, escrevendo, eu sinto o gosto amargo. Não é fácil. Nunca vai ser. Acredito fortemente que a empatia que tenho serviu para me colocar no lugar do meu avô e tomar dores que ele próprio não tinha, mesmo sendo corroído pelo câncer. Famílias que passam por esse martírio, que perdem parentes nessas circunstâncias, nunca voltam a ser o que eram antes. É dor em excesso e sem explicação, e eu não julgo quem desmorona e perde a fé, pois eu também perdi.

Perdi, mas hoje as pessoas dizem "Graças a Deus o senhor existe!". E aí eu pensava comigo, perguntando-me: *Será que existo graças a Deus?*

Já foi uma enorme coincidência minha mãe e meu pai terem se unido em casamento. Ele de Arapiraca, ela do Rio de Janeiro. Ele marceneiro, ela, pregadora de casa em casa, serva ministerial das Testemunhas de Jeová. Ok, um ateu pode dizer que sim, que eu existo por meu avô ter levado a família para Arapiraca em missão ministerial. E aí o ateu diz: "Ainda assim é só uma coincidência, não necessariamente significa que Jeová existe". Mas Jeová contribuiu duas vezes para minha mãe e meu pai se conhecerem.

É que eu tenho um tio por parte de pai que tem o nome de Geová (com "g"). Quem escolheu esse nome foram meus avós paternos. Por quê? Dizem que ouviram em algum lugar, e escolheram. O fato é que minha mãe estava pregando a Bíblia na mesma rua onde meu pai trabalhava, e na serraria (cheia de homens) falaram para ele:

— Jucélio, a moça ali é Testemunha de Jeová.

Ele, com a cara lisa que tem, disse:

— Testemunha do meu irmão? Mas ele não fez nada de errado.

Todos começaram a rir, a ponto de chamar a atenção da, à época, senhorita Sandra.

— O que você está falando sobre o nome de Jeová Deush!? — ela esbravejou, com o sotaque carioca.

— Oxe, nada. Eu disse que tenho um irmão com o nome de Geová.

— Você o quê? Que falta de respeito! Quem batiza uma pessoa com o nome de Deus? Que absurdo! Isso só pode ser invenção...

— Não é invenção, meu irmão é Geová...

— E ainda continua debochando de Jeová. Vou provar para você que o nome de Deus é Jeová. Está aqui, na

Bíblia, ouça. – Ela abriu o texto bíblico para ler Salmos 83:18: – Que as pessoas saibam que Tu, cujo nome é Jeová, somente Tu és o Altíssimo sobre toda a Terra.

Dias depois, minha mãe voltou à serraria. Queria que meu pai consertasse molduras de madeira de um quadro. Passaram alguns meses e estavam namorando, e em pouco tempo meu pai se batizou, e ambos se casaram no salão do reino das Testemunhas de Jeová.

Confesso que ainda preciso de muita reflexão e ajuda espiritual para voltar a ser o que era antes, mas não é fácil para um ateu rebater: graças ao nome de (G)Jeová, eu nasci.

Essa dupla coincidência (ou não) e o carinho dos seguidores me fazem procurar o sentido das coisas, e, em vez de achá-lo, encontro, quem sabe, um propósito: mudar a vida das pessoas através da influência que posso exercer. Acontece que, para mim, às vezes parece pedantismo. Sou uma pessoa desconfiada de soluções messiânicas e, me vendo no meio de um movimento assim, duvido de mim mesmo. Assim, a *única* coisa ao meu alcance é o exemplo. Aliás, exemplo capenga, pois você leu: nunca fui santo, errei bastante. Será que posso contribuir mais? Num mundo deteriorado, com famílias destruídas, uma enxurrada de divórcios (só eu contribuí com três), jovens adoecidos mentalmente, guerras, conflitos globais, motivados por política e religião, neste mundo a ser controlado por inteligências artificiais que nos olharão como moscas, em meio ao caos que se aproxima, eu só sou um juiz, um rapaz arapiraquense. Só.

Sinceramente, assim como você, que às vezes não se sente preparado para um concurso, também não me sinto preparado para esse propósito que eventualmente Deus tem para mim. "Um 'escolhido'? Que nada! Isso é arrogância! Eu? Não! Existem outros, eu não quero. Eu não...". Só o fato de pensar e escrever me envergonha. Mas os dedos refletem meu interior e o desejo de melhorar a vida, ainda que uma única vida alheia.

Não posso ser mais verdadeiro do que estou sendo agora. É fácil para alguém abrir a boca e dizer "Sou temente a Deus", mas duvido dizerem o contrário. Não é fácil. Eu corro o risco de ser aqui desacreditado em todas as outras coisas que faço e digo, corro o risco de alguém me chamar de embuste, de vendilhão do templo, de falso profeta, mesmo que eu tenha certeza de que a humanidade caminha a passos largos para a autodestruição se nada for feito. Mas é a verdade, minha amiga, meu amigo: Deus vem reentrando com toda a força no meu coração. Quero pedir perdão sincero mais uma vez, quero voltar a ser como antes, quero perder o medo de viver e principalmente o medo de morrer, quero acreditar na ressurreição e na vida eterna num paraíso, e quero que pessoas verdadeiramente boas possam entrar no Judiciário e tornar a vida de muitos um pouco melhor.

E para que essa confissão, Kleiton?

Porque dependo da sua aprovação, dependo da mudança que eu e você vamos proporcionar. Parece um absurdo, e é. Escrevo um absurdo me esforçando para acreditar no que escrevo, mas vou escrever, pois o que está escrito existe! Você, que está aí lendo, não vai perder sua fé própria. Você vai se esforçar e *vai* passar num concurso, vai se tornar um servidor público decente, honesto, moralizado, que, pelo amor ao que faz, sem dúvida mudará a vida de outras pessoas, numa reação em cadeia que não trará o paraíso à Terra, mas certamente não vai deixar ela virar o inferno em sua totalidade. E, quando isso acontecer, eu estarei aqui, com o coração tranquilo por ter cumprido meu propósito, perto novamente do Senhor, que vem fazendo de um servo outrora ateu a ferramenta de transformação.

E isso vai acontecer porque eu acredito em *você*, e em Deus!

Tenho fé que é o firme fundamento das coisas que se espera (Hebreu 11:1). E eu espero que você seja aprovada(o) no seu concurso. Eu tenho fé em você; me ajude nesse propósito de transformação com base na fé em Deus, se é que esse pedido é possível de ser feito, se é que isso não é só mais uma das minhas maluquices, se é que você já é um servidor público e vai me ajudar mudando sua forma de trabalho, agindo com humanidade, seguindo o exemplo de Jesus, o maior servidor que já existiu em todos os tempos.

Amém, irmã/irmão?

REPROVAÇÕES

Guarde este trecho do livro com carinho e leia sempre que a reprovação vier, porque ela vai vir. Infelizmente é isso. Não adianta fugir, você será reprovado(a).

Talvez nem fosse preciso dizer, pois muitas pessoas têm como certa essa dimensão de fracasso inevitável, pelo menos algumas vezes, quando o assunto é concurso. Mas achei que seria melhor dizer, escrever e compartilhar a única certeza que temos quando decidimos nos submeter a provas de concurso. E a razão é simples: quando nos preparamos, quando cumprimos tudo, quando não falta mais nada, e principalmente quando alimentamos paradoxalmente o pensamento positivo da aprovação, o impacto da reprovação é sempre maior.

Veja, perder uma prova para a qual não se estuda é fácil. E perder após uma preparação intensa também é fácil! Em concursos, a única coisa difícil é passar. Esse modo de pensar (vivo porque a única certeza que tenho é a da morte) equilibra melhor suas expectativas e melhora sua recuperação. Em outras palavras: estudo, porque a única certeza que tenho é a da reprovação.

Por isso deixei o tópico para o final do livro, para que a última coisa, ou a mais recente, fique sedimentada na sua mente: você não pode perder tempo com a reprovação!

Uma das piores coisas que um concurseiro faz é demorar para se recuperar. Eu sei que é difícil, eu sei que o desânimo atrapalha, que o cansaço bate com mais força, mas, quanto mais você afunda no pântano da tristeza e na areia movediça da melancolia, mais difícil fica sair dela. As oportunidades de concurso são muito próximas umas das outras, e não é bom deixar uma passar por não ter estudado bem enquanto estava chorando.

Chore estudando. Inunde seus livros e cadernos de lágrimas, mas não deixe de estudar. Após o resultado, estude e, se serve de consolo (acho que não serve), repita a prova e veja, numa segunda vez, que você poderia se sair melhor.

"E se não me sair, Kleiton?"

Não tem problema, deve ser o abalo ainda.

A resiliência é importantíssima nessas horas, e a antifragilidade mais ainda. Resiliência é a capacidade de resistir a intempéries, ao passo que antifragilidade é a qualidade de ficar mais forte em face da intempérie. Numa você resiste, na outra se fortalece: a famosa frase de Nietzsche, "O que não nos mata nos torna mais fortes". Eu preciso dizer: seja, no mínimo, resiliente à reprovação. E, se você fizer tudo o que manda o manual das bactérias imortais, será antifrágil.

PERSISTIR É A FORMA INFALÍVEL DE VENCER

Rocky chega ao apartamento. Adrian está dormindo na cama. Ele se deita ao lado dela, que abre os olhos.

— *Não dá — ele diz.*
— *O quê? — Adrian pergunta, ainda sonolenta.*
— *Não dá pra ganhar dele.*
— *Apollo?*
— *Sim, não consigo vencer ele.*
Adrian toca o rosto de Rocky, que continua:
— *Estive assistindo às fitas. Estudando. Ele não tem ponto fraco.*
— *O que vamos fazer? — Adrian pergunta. De algum modo ela se inclui, esteve com Rocky em toda a preparação.*
— *Não sei.*
— *Oh, Rocky, você treinou tanto.*
— *É. Não é tão ruim assim. Eu não era nada.*
— *Não diga isso.*
— *É a verdade. Mas isso não me incomoda. Eu só quero provar alguma coisa. Eu não sou um fracassado...*

> Eu não me importo em perder, não me importo se ele abrir minha cabeça. A única coisa que quero é ir até o final do último round. Só isso. Ninguém nunca fez 15 rounds com Creed. Se eu aguentar os 15 rounds, e aquele sino tocar e eu ainda estiver em pé, vou saber então que não era apenas outro vagabundo da vizinhança. (Tradução livre)

Esse é um trecho do roteiro de *Rocky*, sobre o qual já comentei. É a cena anterior à grande luta contra Apollo Creed, a cena que mostra todo o desejo do protagonista, que não é vencer o grande campeão, mas provar que não é um fracassado, um vagabundo da vizinhança. Para provar isso, ele precisa de um feito inédito: aguentar 15 rounds, pois Apollo é tão bom que nocauteia todos os adversários.

Como eu amo literatura e cinema, e acho que a vida imita a arte e vice-versa, queria incutir a seguinte ideia: você não precisa ser aprovada(o) num concurso para provar que não é um fracasso. Tudo que precisa é treinar duro e não desistir, mesmo após sucessivas e sucessivas derrotas. Se você é homem, se espelhe no Rocky; se é mulher, se espelhe na Maggie (Hilary Swank, ganhadora do Oscar de melhor atriz) de *Menina de ouro*, outro grande filme de boxe. A derrota não acaba com eles, ainda que isso pareça evidente.

Perder é um detalhe que não conta mais que a forma como se perde, sendo a desistência uma delas. Você apanha, sofre, cai, levanta, apanha, apanha, levanta e, quando está zonzo ou zonza, ri e pergunta "É o melhor que pode fazer?", e sabe o que vai acontecer? A vida vai se cansar de lutar contra você. Conheço quem passou 5 (eu), 10, 15, 20 (!) anos tentando concursos até ser aprovado. Quantas vezes essas pessoas caíram? Só elas podem dizer. Mas, se não sei a quantidade, sem dúvida posso dizer que em todas as quedas elas se levantaram.

Ah, lá vem ele novamente com cinema, e dessa vez é o *Rocky Balboa* (2006). Rocky já velho, aposentado dos ringues, e viúvo. Sua vida gira em torno do próprio restaurante de comida italiana num bairro da Filadélfia. Daí, um belo dia, o atual campeão de pesos-pesados, Mason Dixon, resolve participar de uma simulação computacional, com algoritmos (nem era tão falado na época) que definirão quem será o vencedor de um match entre Rocky e Dixon. Para surpresa de todos, o computador dá a vitória ao garanhão italiano, e o campeão, obviamente insatisfeito, desafia Rocky para uma luta de verdade. O filho de Rocky, um rapaz jovem e talentoso do mundo corporativo, não quer que o pai lute. Os dois discutem sobre o assunto, e o filho acusa o pai de ser motivo de piada para os colegas. O que vem depois é uma das cenas mais memoráveis, quando o assunto é motivação. Rocky diz:

> *O mundo não é um arco-íris; é um lugar ruim e sujo, que não quer saber quanto você é durão; vai botar você de joelhos e deixá-lo assim para sempre se você deixar. Nem você, nem eu, nem ninguém vai bater tão forte como a vida. Mas não se trata de bater forte. Se trata de quanto você aguenta apanhar e seguir em frente,*

quanto você é capaz de aguentar e continuar seguindo em frente. É assim que se consegue vencer.

Agora, se você sabe do teu valor, então vá atrás do que você merece, mas tem que estar preparado para apanhar. E nada de apontar dedos, dizer que você não consegue por causa dele ou dela, ou de quem quer que seja. Covardes fazem isso, e você não é covarde, você é melhor que isso.

Uma época da minha vida fui contra *coaches* de sucesso, contra autoajuda, contra *mindset* e tudo que pudesse aprimorar a vida das pessoas por meio do esforço e da dedicação. Achava que era papinho para vender livros, ganhar dinheiro com palestras e coisas do tipo. Uma grande vergonha eu pensar assim, e não porque estou fazendo isso agora, mas porque sempre me motivei e me inspirei enquanto tentava passar num concurso. Intuitivamente, buscava razões e motivos para continuar. De maneira consciente me alimentava com vídeos de discursos motivacionais, com alguém me falando coisas que eu já sabia. Tenho certeza de que você já sabe tudo que falei aqui sobre motivação. Acontece que saber não é a mesma coisa que ouvir, ou ler, ou refletir, ou pôr em prática, sendo a última a mais importante de todas.

A vida bate de diversas formas: no trabalho ruim, num relacionamento abusivo ou desigual, numa doença, e agora na quantidade de coisas inúteis que nos consomem o tempo. Vencer isso tudo é suportar: é levantar cedo para estudar, antes de ir para o trabalho chato; é aguentar o relacionamento abusivo, ou se livrar dele apesar dos pesares, para continuar estudando; é apagar todas as redes sociais e usar o celular apenas para coisas úteis. Por isso, anote esta frase em todos os lugares em que seus olhos batam: PERSISTIR É A FORMA INFALÍVEL DE VENCER.